キリスト教的学識者　宗教改革時代を中心に

E.H.ハービソン

キリスト教的学識者

―― 宗教改革時代を中心に ――

根占 献一 監訳

大川なつか／高津秀之／高津美和 訳

知泉書館

序

この小著は、一九五五年四月中に行なわれたプリンストン神学校でのL・P・ストーン財団による五講演に基づいている。このような講座の参加者を前に俗人や歴史学者が講演をする場合には、講演者と聴衆の関心が重なる領域をテーマに選ぶことが適切であったろう。キリスト教的天職（召命）としての学問というテーマは、神学者と歴史学者の双方から、比較的軽視されてきた分野であるが、研究に値するものだと私には思われた。その際には、キリスト教的学識者全般を取り上げるのではなく、宗教改革という時代に焦点を当てるのが最善の方法であろう。宗教改革の時代は、私の最もよく知る時代であるし、プロテスタントの宗教改革者は、プリンストン神学校を創設した学識ある牧師の伝統の源であるからだ。したがって以下では、宗教改革期のごく少数のキリスト教的学識者と彼らに影響を与えた先駆者の検討を通して、キリスト教的学識者とはいかなる存在か、彼はいかにその使命を感得するのか、学問への情熱とキリスト教信仰をいかに一致させるのか、彼の仕事はキリスト教の発展にいかなる影響を与えるのかといった議論に示唆を与える試みである。

そのための方法として、抽象的ではなく個別具体的に論じること、多くの人々を列挙するのではなく重要かつ有名な少数の人物に焦点を絞ること、結論付けることよりも示唆を与えることを心掛けた。もちろん、この主題をめぐる徹底的な検討は、今後さらに行なわれなくてはならない。そこでは、スコラ学の黄昏と近代科学の曙の時代の狭間で、キリスト教研究全体に何が起こったのかが問われるべきであろう。そして数百人とまではいかなくとも、数十人ものキリスト教的学識者を検討し、描き出すべきあろう。さらにそれは、キリスト教的学識者が提示した新たな問題、考察、結論を、変動する当時の社会状況や変革的な運動と関連付けなくてはならない。それに比べると、この小論の課題はずっと控え目なものだ。つまり、宗教改革という馴染み深い時代を展望する、斬新な視点を提案しようというものである。

この展望は、以下のように簡潔にまとめられるかもしれない。プロテスタントの宗教改革は、聖書の意味に対する学者の洞察によって始まった。後の章で述べるように、それは大部分において学識者の運動、大学教授や学生による出来事、学者による革命であった。この挑戦に対するカトリック側の反応は、とりわけトレント公会議において同様の性質を帯びた。西洋の歴史において、エラスムス、ルター、そしてカルヴァンら二世代に渡る人々の時代ほど、キリスト教的学識者の威信が高く影響力が強かったことはない。宗教改革の時代におけるほど、人々が学ぶ熱意、学問に対する尊敬、学問が成す事柄における信頼――そして学問が成し遂げた革命――が高まった時代は他にない。一六世紀に目立つ活躍をしたのは、再三にわたってキリスト教的学識者であったし、この時代に関わる教科書の索引中に数多くその名が現われ、時の人となっているのも彼らである。すなわち、イングランド出身のティンダルやクランマーやフッカー、フランス出身のビュデやルフェーブル、ドイツのロイヒリンやムティアン、イタリアのコンタリーニやバルデス、スペイン出身のヒメネスやビーベスといった面々である。また学識を備えた教皇もいたし、レジナルド・ポールだけが学識のある枢機卿団のただ一人の人物であったわけでは決してない。複雑な宗教論争のあらゆる立場に次々と登場する指導者は、ある意味では「学者」と形容され得る人々であった。トマス・モア卿は、学者にふさわしい才能と素養をもった政治家だった。フィリップ・メランヒトンは、ヨハン・エックと同じく大学教授だった。ツウィングリとブツァーは、説教師であるとともに著述家であり、教師でもあった。セバスチャン・フランク、コンラート・グレーベル、セバスチャン・カステリヨン、ミカエル・セルウェトゥスは、宗教改革急進派の中で「学者」と呼ぶことができる者のうちの、ほんの数人に過ぎない。キリスト教的学識者は、おそらくそれ以前もそれ以降もまともに歴史的脚光を浴びたことなどなかったのではないだろうか。

これら学識を備えたキリスト教徒のうちなる心理的・精神的緊張は興味深く、研究に値し、特にスコラ学的方法における信頼を喪失したが、近代的な意味での「科学」についてまだ知らなかった時代において当てはまる。その間、学者たちの関心は総じて、私たちが一般的に哲学と論理学と呼んでいるものから、文献学と歴史学へと向けられた。問題は、これらの学問がキリスト教信仰といかなる関係があるのかということだった。この時代の少数の学者だけが、この問題に深く悩まされ、やがてそれについて論ずるようになった。多くは、宗教としてのキリスト教に対し真に個人的な関心を抱いていなかった。当時の偉いキリスト教徒の多くが学問に興味を持たなかった。キリスト教徒と学者という二つの役割を演じた人々は、私たちに自分たちの足跡を伝える記録をほとんど残さなかったために、彼らが天命を感じ取ったのか、いかにしてそれを得たのかといった問題を十分に考察することができない。しかし、少数の人が、学者そして学識あるキリスト教徒として、明確で、時に容易には得難いような天命感を自覚した。私たちの主たる関心は、まさにそうした人たちに向けられる。すなわち、オックスフォードでのパウロ書簡に関する講義で新しい地平を切り開いたジョン・コレット、（P・S・アレンの忘れがたい言葉ではあるが）「知識の拡大を通じて神に仕える」ことに生涯を捧げたエラスムス、表向きは聖書学教授であり続けながら、不屈の聖書学者にして翻訳者でもあったマルティン・ルター、自分は学者以外の何者でもないと思い続けていたジャン・カルヴァンといった面々である。宗教改革の時代は、キリスト教的学識者を研究するのに、そして彼らの――伝統的に神的な天職と専門的な職業という両義的意味を備えた――「召命」(vocatio) を研究するのに最も適した時代なのだ。近年の出版社が、一六世紀の出版業者と同じ位長い題目を付けることを好むのであれば、本書の題目は『宗教改革時代におけるキリスト教的学識者とその召命(天職)』となるであろう。

著者は喜んで、学者を扱った本研究が、一六世紀から二〇世紀に至るまでの多くの学者の成果に支えられていることを認めたい。脚注を見れば、本研究が編集作業とこの分野の研究成果の恩恵を被っていることが分かるであろう。記しておかなければならないことは、私の原稿が出版社にわたった後、一冊の著書が私の元に届いたことだ。それは、W・シュヴァルツによる『聖書翻訳の原理と問題――宗教改革論争とその背景』(ケンブリッジ大学出版部、一九五五年)である。この本がもっと早く世に出されていたら、私の著書は今以上に恩恵を受けていたことだろう。私をストーン財団寄付講座に招待してくれたプリンストン神学校の教授陣に対し、謝辞を申し上げる。また私に学期休暇を与え、本の形になるよう研究支援をしてくれたプリンストン大学にも深く感謝しなければならない。加えて一九五六年八月に本テーマで三つのアレンスベルグ講義を開催してくれた南カリフォルニア大学にも謝意を表したい。私の同僚ジョゼフ・R・ストレイヤー教授とホイットニー・J・オーツ教授は、イエール大学のローランド・H・ベイントン教授と同じように、寛大にも私の原稿に目を通してくれた。彼らの助けは、計り知れない価値がある。また、プリンストン神学校の友人、とりわけブルース・M・メッツガー教授、ジョージ・A・バロワ教授、ウォルター・G・ハーズ博士は、私に惜しみなく助言を与えてくれた。私の弟子であるベネット・D・ヒル氏は、細やかな気配りをもって根気強く助けてくれた。エリザベス・ダーシー女史、エイリーン・ブルメンソール女史、ルイス・E・ガンツ女史は、幾度も手書きの原稿をタイプに起こしてくれた。

引っ込み思案の著者にとって、妻の素早い理解力と絶えることのない励ましは、彼女自身が分かっている以上に重要である。本書を彼女に捧げたい。

ニュージャージー州プリンストン大学にて　一九五六年八月

E・H・H

キリスト教的学識者　目次

キリスト教的学識者

——宗教改革時代を中心に——

第一章　キリスト教的召命としての学問

――ヒエロニムスからアクィナスまで――

キリスト教的学識者の召命

キリスト教的詩人、キリスト教的音楽家、あるいはキリスト教的科学者と同じく、キリスト教的学識者は、いつも例外として見なされる危険に晒されてきた。「学問と魂の救済、精神の充足と霊の平安の間には何の関係があるのか」、「アテネとエルサレム、アカデミーと教会には何の関係があるのか。」テルトゥリアヌスは、三世紀に問うていた。「哲学者とキリスト教徒の間、ヘラスの学徒と天国の学徒の間に、何か共通するものはあるのだろうか。」彼の答えは極めて明快である。「イエス・キリストの誕生以来、われわれに好奇心は必要ないし、福音の訪れ以来、探究心も必要ない。(1)」しかし、およそキリスト教の開始以来、神の意志に従っているという信念をもって、キリスト教的召命としての学問を追究した人々がいたことは確かである。

明らかに一風変わった使命感を抱くこれらの信奉者は、おそらくそれにふさわしい注目を全く受けてこなかった。実際、キリスト教徒としての学者には、聖人、預言者、聖職者と比べて正当な評価が一度も与えられてこなかったと主張することもできそうだ。なるほど、今日われわれは、トマス・アクィナスについて多くのことを聞き及ぶ。だが、中世に関する教科書が、この偉大なるスコラ哲学者の扱いと変わらずに、聖フランチェスコ、聖ベルナール、聖ヒルデブラントに多くのスペースを割いたのは、そう昔のことではない。このことはおそらく、学者が話題の種にならず、また昔からそうであったことを示しているにすぎないだろう。

しかしながら、学者がキリスト教的批評や注釈において、当然受けるべきものを十分得ていなかったのならば、それには正当でよく知られた理由があるのである。すなわちそれは、キリスト教の伝統において、今日われわれが反主知主義と呼ぶ深い潮流である。この流れの源泉は、新約聖書それ自体の中にある。イエスは、人生に対する宗教的意味を「知恵（学識）ある者や賢い者には隠して、幼子のような者にお示しになりました」[2]（「マタイによる福音書」一一・二五）と言って、天なる父を称えている。彼は知恵（学識）のある者を、信仰への途上に障害物を置くように誘惑されていると見なす。「あなたたち律法の専門家は不幸だ。知識の鍵を取り上げ、自分が入らないばかりか、入ろうとする人々をも妨げてきたからだ。」[3]（「ルカによる福音書」一一・五二）福音書の主役たちの中に学者はいない。パウロはコリントの信徒に対して、十字架の意味は、教養あるギリシア人の頭では理解できないだろうと語っている。神の言葉にはこうある。「わたしは知恵ある者の知恵を滅ぼし、賢い者の賢さを意味のないものにする。知恵のある人はどこにいる。学者はどこにいる。この世の論客はどこにいる。神は世の知恵を愚かなものにされたではないか。世は自分の知恵で神を知ることができませんでした。それは神の知恵にかなっています。そこで神は、宣教という「愚かな手段」によって信じる者を救おうと、お考えになったのです。[4]」（「コリントの信徒への手紙I」一・一九―二一）「もし、あなたがたのだれかが、自分はこの世で知恵のある者だと考えているなら、本当に知恵のある者となるために「愚かな者」になりなさい。[5]」（「コリントの信徒への手紙I」三・一八）テルトゥリアヌスから今日のキリスト教的不合理主義者に至るまで、この世の理性の光に照らして福音の「全くの愚行」と不合理さに栄光を見出し、キリスト教の合理性を示そうとする学識ある者のあらゆる努力に対して抵抗した者が常に存在し続けた。

しかしながら、新約聖書の別の潮流の中には、控えめで間接的ではあるが、先の潮流に対抗するものがある。イエス自身が深遠なる聖書の学徒なのだ。ルカが書き残しているように、イエスは洗礼と誘惑の後、最初にナザレの人々の前に現れた時、彼の使命は聖書の言葉を実現することにあると宣言している。[6] 今は、かつてあったようにはヨルダンで聴いた声に従う物語あるいは砂漠で受けた幻視の話はない。イエスは、聖書を取り扱うにあたり選択を行なう。神は、他よりもある部分でいっそう完全に明らかにされる。そして「あなたがたも聞いているとおり……だが、わたしは言っておく……」とあるように、解釈と批評の余地がある。共観福音書に登場するイエスに関して最も明白なことは、彼が教師ということである。彼は自分が偉大なる宗教的伝統と関係し、その伝統の中にどっぷり浸かっていることに気づき、それを明らかにしなければという天からの使命を自覚している教師である。これほどまでに彼は「学者」である。

「ヘブライ人への手紙」の学識ある作者は言うまでもなく、ヨハネとパウロの双方が学者であるという、いっそう良い事例がもちろんある。「初めに言（ことば）があった……。」このよく知られた言葉は、近年発見された死海文書が示す内容を受け容れるとするならば、キリストの人物像や彼の成し遂げたことを、複雑なギリシアの学問に、あるいはおそらく同様に洗練されたエッセネ派の伝統に照らして解釈しようとする深遠な試みの発端となるだろう。第四福音書は、美しさと洞察力の点で卓越した伝記というだけではなく、福音をギリシアそしてヘブライとの総体的な文化的背景と関連づけようとする試み、広義の意味での学術的作品なのである。

パウロは、当然のことながら、ヘブライの書き物に精通した学徒である。彼が行なった旧約聖書の解釈は、後の全キリスト教徒にとっての解釈の基盤となっている。預言者たちはキリストを、つまりイスラエルの栄枯盛衰とその指導者たちがキリストの誕生、死、復活の「予型」であると予見した。パウロは、甦ったキリストへの信仰によって照明されたかのように、ヘブライの書き物に対する知識とギリシア思想への造詣から、キリストの受肉を長い歴史的準備や発展と関連づける歴史哲学の基礎を築き上げた。ある意味で、これは深い学識をともなう学問的作業だった。

このことは、聖ヨハネや聖パウロに「学者」というレッテルを貼ることで簡単に理解することができると言っているわけではない。彼らは、言うまでもなく、それ以上であった。彼らは、自分たちの信仰を聞き入れてもらうために戦うこととなる、周囲の世俗文化と同様に、彼らの信仰が由来した宗教的伝統とも関連づける課題をめいめいのやり方で始めた、キリスト教的著述家の最初の人たちだった。

いかなる宗教的伝統内においても、とりわけキリスト教において、学問の果たす一般的役割についてしばし検討することは、価値あることである。ある宗教が発展して行くいくつかの時代に、人々が彼らの多くの信仰や実践から距離を置いてこれらを客観的に捉えて整理し、これらの起源と発展、そして、多くの他の信仰や実践との衝突に照らし合わせて、これらをより良く理解しようと試みることは、必要なことである。第一の動機はここでは、退廃した時期に宗教的伝統そのものを浄化しようとする願望にあるのかもしれない。このことは、その伝統の起源とその信仰の妥当性の批判的検討を要求するであろう。あるいはその動機は、世俗的な文明史における危機において、信仰と文化とのいっそう実りある関係を築きたいという願望にあるのかもしれない。あるいは、最後になるが、物理的宇宙または人間それ自体の本質に関する人間精神の新たな発見に照らして、信仰を再検討する必要性を感じたということかもしれない。そうであるならば、キリスト教的学識者の召命は、まさに示唆した三つの主要な課題のいずれか一つ、または三つのなんらかの組み合わせを引き受けることにあろう。（1）ヘブライ的キリスト教の歴史それ自体を再考すること。（2）この伝統と、それを取り巻く世俗文化やその伝統（近代に至るまで、当然のことながら、それは主としてギリシア・ローマの伝統を意味した）とを関連づけること。（3）最も広い意味合いにおいて、信仰と科学とを一致させることである。われわれがこれから扱う時代では、キリスト教的学識者の多くが、第一の課題と取り組んでおり、常にではないにせよ、第三の課題にも取り掛かっている。アウグスティヌスやアクィナスのような最大級の精神は、三つすべてに取り組むであろう。しかしながら、初期キリスト教の時代と中世の時代を通じて、真理の探求とは、宗教的であろうと世俗的であろうと、新しいものの「発見」というよりもむしろ伝統の中に埋もれたものの「回復」であるように考えられている。このことは、学者が一般的に信仰を何か宇宙の新しい捉え方の下で再解釈するよりも、新約聖書を旧約聖書と関係づけること、あるいは聖書を古典研究と関係づけることの方にいっそうの関心を寄せていることを意味する。

この種のキリスト教的召命は、思うに全く劇的でも刺激的でもないだろう。聖人や預言と比べると、その重要性さえ明らかにすることは難しい。パウロは、教会の天職としての学問に言及しなかった。しかし、パウロが使徒、預言者、教師、奇跡を起こす者、癒し手、諸言語の話し手について語った時、彼はそこに解釈者を加えた。彼が学者のための余地を残しておこうとしたのではないかと考えたくなる。(7)確かにキリスト教史上の様々な転換期に、学者は決定的な影響力を有していた。その一つ目の時機は.ギリシア・ローマ文明が終焉に向かった時期であった。二つ目は中世盛期、そして三つ目の時機が、宗教改革期である。本章では概説的な仕方でこれらの時期の最初の二つを取り上げ、以降の章で第三の時期を扱うこととする。

キリスト教的学問の伝統をある程度理解し、宗教改革期以前の時代においてキリスト教徒でもあり学者であることが何を意味するかについての見通しを得るために、ローマ帝国末期から二つの例、そして中世盛期から二つの例、計四つの顕著な例に少し注目してみよう。こうした議論が何の意味もなさないと言うのであれば、社会学者が一般的にキリスト教的学識者の「モデル」や「タイプ」と呼ぶところのものを構成することは、極めて困難であることになるだろう。この研究すべてを通じて、われわれは共通の問いと繰り返えされる多種多様な解決に気づくであろう。しかし、ある特定の人間における態度と回答との特別な均衡は、独自性と意外性の要素を常に含んでいる。「実に人間くらい驚くほどに空虚で雑多でかつ流動してやまないものはない。そのような人に一定不変の判断をうちたてることは容易ではない」と、モンテーニュは『エセー』の最初の章に書いている。そして、キリスト教的学識者に対する確定的イメージを築き上げようとする歴史学者は、彼に賛同しがちである。しかしながら、多種多様に変化しつつも連綿と続くキリスト教的学問の「伝統」は、たとえ正確な定義づけができなくとも、研究の対象となる。こうした伝統は、きちんとした定義でなくとも、偉大なるキリスト教的学識者の幾人かの綿密な検証によって意味あるものとなる。

宗教改革期のキリスト教的学問を学ぶ者は、必然的にヒエロニムスやアウグスティヌスに回帰せざるを得ない。後の時代の多くの学者が意識的に（ついでに言うと、両方を手本にすることはほとんどないので）いずれかを手本にするからでもあるが。それ故、われわれは、ヒエロニムスとアウグスティヌスから着手しなければならない。ほぼ同時代に生きた彼らは共に学者にして教師であるが、それ以外の深刻なあるいは愉快な多くの事柄については互いに正反対の立場にあり、これら二人のラテン教父は、後の時代に少なくとも典型的な二つのタイプのキリスト教的学識者となる運命にあった。われわれは、後代の人々が二人のうちに学識あるキリスト教的人間を見ることになることに絶えず注視して、彼らを考察してみることとしよう。

ヒエロニムス

聖ヒエロニムス（三四七？―四二〇）は、官能的である一方で禁欲主義的でもあり、短気である一方で柔和でもあり、また敵対する者には意地悪である一方で友人には愛情深く、手に負えないほどの自惚れ屋である一方で謙虚でもある、といった具合に、相反する性格を見事に合わせもった人物であった。しかし、彼自身における最も重大な矛盾は、異教の古典作品に対する曖昧な態度、そして世俗の学問に対して彼が交互に抱いた親近感と嫌悪感にある。彼の時代の知的潮流は、キリスト教と異教主義の間の本質的な矛盾を際立たせた。その頃までキリスト教は、それ自体の文化を持っていなかった。キリスト教徒の子弟たちは、偉大なる異教作品を用いて、文法学、修辞学（レトリック）、論理学を教える学校で読み書きを学ぶことをよぎなくされた。ヒエロニムスと同様、キリスト教徒の学徒が古典作品に夢中になる危険は明らかだったが、問題は簡単に解決するものではなかった。テルトゥリアヌスのようにキリスト教徒の指導者たちの多くは、キリスト教の信仰と異教文化が全く相いれないものであると教え、諭した。ごく少数の指導者が、キリスト教徒が注意を怠ることがなければ、自分たちの信仰をいっそう知的に理解するための足がかりとして世俗の学問を利用してもよい、と控えめに言っていた。(8)

一般的に言って、大いなる学問というのは、書物や書物の中に見いだされる教訓の類いを求める若々しい情熱から起こる。若きヒエロニムスにはこの情熱があり余るほどあった。われわれは、彼が明らかに異教の古典作品を愛し、必ずしも同時にではなかったが、自分の両親と同じ位に熱心にキリスト教の神を愛していたということ以外には、若い頃の彼についてほとんど知らない。最近の著作家は、彼について「彼は神、学問、そして処女という順に愛していた」(9)と述べている。かつて自由気ままに肉的生活に溺れ、その後同じような熱心さで禁欲生活を始めた若者であったが故に、ヒエロニムスは彼の多様な情熱を調和させることの困難さを理解していた。異教の古典の持つ精神的魅力は、彼の心中で肉欲という身体的誘惑と絡み合うようになり、その両方が彼の罪悪感（良心）によって叱責された。この葛藤は、三七五年のアンティオキア近くでの有名な「夢」（Vision）の中で危機に陥ったかのようである。九年後にこのことを書いているように、彼は修道士になろうと決心していたものの、断食や祈りのために徹夜をしてもなお数時間後には、キケロとプラウトゥスをこっそりと読むようなことをしていた。（彼は数年前から聖書研究に専念していたが、彼の愛する異教の古典作家と比べて、預言者は「野蛮で不快だ」と思っていた。）そのような時彼は、自分の墓が準備されている光景をじっと見つめながら、骨と皮ばかりになるほどの高熱に見舞われた。突然、彼は聖霊に摑まれ、まばゆい光の中にある審判の前に引きずり出された。「お前は誰で何者だと聞かれたので、私はこう答えました。「私は一人のキリスト教徒です」と。けれども、すべてを統治するそのお方は言われた。「お前は嘘つきだ。お前はキケロの学徒であってキリスト教徒ではない。」なぜなら、「おまえの財宝（たから）のあるところ、そこにお前の心もあるからだ」と。一瞬にして私は口がきけなくなり、鞭でひどく打たれた――というのも、そのお方が罰するように命じられたからである。私は罪悪感の炎によってなおいっそう苦しんだ。」最後にヒエロニムスは叫び誓った。「主よ、もし私が世俗の書物を再び所有し、あるいはもしそれを読むとしたら、私はあなたがおっしゃったことを否定することになるでしょう。」彼が目を覚ました時、両肩はあざだらけだった。(10)

これは、キリスト教的学識者としてダマスクスに至る、ヒエロニムスの道程だったと言いたい気持ちになる。しかし、ことはそれほど単純ではない。ヒエロニムスは、禁欲主義的立場を決定づける出来事からおよそ九年後、友人エウストキウムに宛てた長い書簡の中で、熱にうなされた夢のことを思い起こしていた。われわれは彼が誇張を大変好んでいたことを知っている。審判席の前での鞭打ちの夢は、四世紀の神経過敏な良心にあってはありふれた話であったようだが、ヒエロニムスの話は全くの作り事ではないかしらん、と学者は考えてきた。しかし、彼がそうした夢を見たことを疑うだけの正当な理由は見当たらない(11)。われわれの知る限りでは、彼以外に、自分の個人的罪が「キケロ主義」だとする夢を見た者はいない。後年、彼はその夢の持つ重要性を軽視するようになった。敵対者ルフィヌスが彼に対し、二度と異教作品は読まないと断言した二五年後にはベツレヘムで古典作品を楽しそうに教えていたではないか、と非難した時、ヒエロニムスは極めて重要な事柄を夢と結び付けるべきではないと返答した。われわれは、彼が語った夢の中で起こっている事柄について責任を負っていないし、また確かに、われわれは自分の夢の中で立てた誓いを守り、それによって自らの人生を規定する必要もない。それを、約束を守らなかっただけだとか、老齢による衰えにすぎなかっただけなどと見なすことはあまりにも単純なことだ。真実は、ヒエロニムスが砂漠での夢から一一年後のベツレヘムに到着するまでの間に、内的葛藤を克服し、自らの使命を見出し、安らかさを覚えて、夢での誓いのような若き日の強迫感を忘れるに足るほどの境地に達した点にある。召命見出しは、夢の中で劇化された内的葛藤によって定まったかのように見える。それ故、私は健全な本能によって、中世やルネサンスの芸術家や学者は、ヒエロニムスという人物や彼の成し遂げたことの象徴として、彼の夢を引き合いに出したのではないかと考える。

彼が召命を見出した時期や場所を正確に伝えることは難しい。おそらくそれは、夢を見た直後の砂漠の中だったであろう。おそらくそれは、コンスタンティノポリスでナジアンゾスの聖グレゴリオスというあの素晴しいキリスト教的学識者と共に、オリゲネスや聖書を研究している最中であっただろう。またおそらく教皇ダマスス一世が彼をローマに呼び寄せ、ギリシア語原文から新約聖書をラテン語訳にするよう命じる前であっただろう――かくしてそれは彼の人生における本当の意味での仕事の出発点となる。そして緩やかに少しずつなされたことだろう。彼は自身の夢について次のようにはっきりと説明している。「それ以降、私は人間に関する作品よりも神に関する作品をいっそう熱心に読みました。」「それ以降」という言葉は、あまり当てにならないだろうが、その言葉は、いかにしてヒエロニムスが自分の内的な問題を解決する糸口を見つけたのかを暗示している。すなわち、「学問への飽くなき欲求を、ある対象から別の対象に、つまり世俗のものではなく聖なるものに向けることによって。」

三八六年、彼はベツレヘムに退き、未亡人と彼の信奉者で構成される奇妙で小さな共同体を立ち上げ、聖書全体の訳とその大部な注解という壮大なる仕事にのめり込んだ。「彼は心の底から自分の書物を読むことに専念している」と、彼を訪ねた友人は伝えていた。「彼は昼も夜も休むことがない。つまり彼は、絶えず何かを読むか、何かを書くかのいずれかである。(12)」ベツレヘムから出されたおびただしい著作物は、並外れたものだった。当時の生活をあまりにも鮮明に、そして辛辣に描き、聖書解釈から貞潔の美しさや少女たちの教育まで語った、数々の素晴らしい書簡。神学論や歴史を扱った大規模な著作物。とりわけ、原典に戻ることの重要性を説く、生きいきした序文付のヘブライ語原典からの旧訳聖書各巻の偉大な翻訳（彼の新約聖書訳は単なる改訂にすぎなかった）。

彼が何らかの召命を見出した気がしたのは、ベツレヘム滞在初期の頃の書簡や序文から明らかなように思われる。三九四年、彼は若き友人パウリヌスに宛てて次のように書いている。「教師のいない時期にさえも学びたいという心をもつことは賞賛に値します。私にとって重要なことは、何を見つけるかではなく、何かを見つけようと努力していることなのです。」パウロは、ガマリエルのもとで律法や預言書の勉強をし、「そして彼はそうしたことを喜んだのです。」ヨハネは、教育を受けていない単なる漁師などではありませんでした――もし、そうであるなら、彼はロゴス、つまり神の知恵についてどうして書くことができたのでしょうか。ヒエロニムスは、こうしたことを書きながら「聖書に対する愛で夢中になっていること」を詫びて書簡を閉めくくるが、パウリヌスにはこれらの聖なる書物に囲まれて生き、聖なる書物について瞑想し、これらのみを知り、また知ろうとするように勧めている。(13)「サムエル記」と「列王記」に付した序文には、ある者は金、銀、あるいは宝石、またある者は様々な色合いの織物というように、誰もが神の聖堂にできる限りの捧げものを差し出そうとしている、と書いてある。彼に関して言うならば、聖堂を覆い、日差しや雨からそれを守る――つまり彼の訳語である――「革とやぎの毛」を喜んで差し出すであろう。(14)

夢のおよそ二〇年後、彼は自身のキリスト教信仰と世俗の学問への愛との間の葛藤に解決を見出した。異教の著述家を頻繁に引き合いに出すといって彼を非難したマグヌスに対して、彼は、自分と同じことをしてきた、モーセやパウロをも含むヘブライ人やキリスト教徒の著述家の長いリストを渡した。パウロは、彼が言うには、「申命記」(二一・一〇以降)の中の「捕えられた女性が髪、眉、彼女のすべての毛、爪を切られた時、彼女を妻とするように」という命令を知っていた。そこでヒエロニムスは、「妻の中の死んでいるすべて――これが偶像崇拝、快楽、過ち、それとも肉欲であろうと――を削ぎ取り、除去した後」というのだが、彼の「異邦人にいわゆる汚されること」がキリスト教徒の数を増やすことになるとの自信から、世俗の学問を妻と見なした[15]。

学者としてのヒエロニムスは、けた外れの博識を有し、言語や名辞に飽くことのない興味を示し、語学の能力に驚くほど長けていた。彼は、自分がラテン語、ギリシア語、ヘブライ語を自由自在に操れる「三か国語学者」であることを誇示していた。生涯を通じて、学び、理解し、そして書くことへの尽きることのない欲求に駆り立てられた。近年の意地悪な批評家は、「彼は天国を手に入れるためでさえも、「穿った言葉」(*bon mot*)を犠牲にすることには躊躇したことであろう」と主張する[16]。彼の方法はあまりにもいい加減で、批判には敏感で、すぐに自分の才能を敵対者への情け容赦のない悪口に用いた。彼はあらゆる偉大な学者がそうであるように、自身のテーマが持つ困難さや複雑さに対して深い自負の念を持ち、語学力や知的訓練がなくても聖書を解釈できると考えている「耄碌したうわさ好きの老婦人や老人、そして冗漫な詭弁家」に対して、情け容赦なく最大限の侮蔑を浴びせた。「ああ、何ということだ。他の連中は女性から、彼女たちが男性に教えることを学んでいる[17]。」彼の情熱は聖書を解釈し、訳すことであった。彼の作品であるウルガータは、キリスト教学の最高傑作の一つである。このラテン語訳のために、彼は当時の世俗の学問から得られる最高の道具を用いた。こうして彼は、ユダヤ（ヘブライ）とギリシアの宗教的洞察の微妙な意味合いの多くを、ラテン世界のキリスト教精神に開示し、こうして西方世界のキリスト教文化の創造者の一人となった。

彼は、神学者でも哲学者でもなかった。彼の精神は、思索的というよりもむしろ経験的であり、抽象的な概念よりも歴史にとりつかれていた。また文献学の瑣末な部分を非常に気に入っているが、信仰や告白の瑣末さには我慢ができなかった。ヒエロニムスの仲間の修道士が、砂漠で彼の正統性を問うことで三位一体に関する議論に彼を巻き込もうとした時、彼は無邪気にも次のようなことを書いた。「私は、あたかも私が受洗をした時に何もそうしなかったかのように、毎日、信仰告白を求められている。私は、彼らの気に入ることはどんなことでも告白するのに、彼らは満足しない。私は自らの名を記しているのに、彼らはなお私だと信じない。(18)」

ヒエロニムスは四二〇年に亡くなったが、その時はほとんど目が見えず衰弱し、彼の小さな修道院的共同体は、ペラギウス派によって奪われたばかりだった。また一〇年前のローマ略奪によって、彼の気力は落ちていた。しかし、キリスト教的学問の歴史において、彼の精神は一度ならず復活することになる。学問に対する強い熱情と、神と神の言葉への奉仕とを一致させる彼特有のやり方は、来るべき時代におけるキリスト教精神のある種のタイプに強い影響力を及ぼすこととなった。聖書の翻訳や解釈への熱い思い、原書・原典へと戻ろうとする執着心、正しい理解のための基盤としての文献学的細部への関心（「預言者となることと、翻訳者となることとは、別のことである」、と彼は書いている）、付随する困難さへの尊敬の念、そして彼が生涯をかけて実現しようとした、学問は崇高な尊厳と意味深さをもつキリスト教徒の使命だとする信念、これらすべてが宗教改革期に息を吹き返すこととなった。

アウグスティヌス

おそらく、われわれはアウグスティヌス（三五四―四三〇）についてそれほど述べる必要はないであろう。というのも、その偉大なる人物像は、ヒエロニムスよりもよく知られているからである。[19] われわれの目的にとって彼が重要なのは、彼の生涯と彼の作品を通して、キリスト教的学識者のその後の何世代にもわたって、知に関わるあらゆる重要な領域において人間は信じなければ、知ることができないという真理を劇的に表現した点にある。「人は信じなければ、知ることはないだろう」（*Nisi credideritis, non intelligetis*）という標語は、アウグスティヌス以降、一〇〇〇年にわたるキリスト教ヨーロッパ世界の知的企ての礎石となった。「もしも理解できないならば、理解するために信じなさい。[20]」理性による思考の働きは、「神の照明」(*lumen Dei*)なしには真理に達することはできない。このことは当然、盲目的信仰を擁護しているわけではない。それは、人の思考だけでは真理は決して捉えることができないという、キリスト教史における最も偉大な一精神の証言だった。それは、人間全体で把握され、人のすべてを満足させなければならない。そしてこのことは、最初に信仰の飛躍がなければ、決して起こりえないことなのだ。知的な洞察を可能にするものこそ、「神の照明」(*lumen Dei*)である。

アウグスティヌスは、ヒエロニムスと同じく学問への渇望から出発した。『告白』は、ヒエロニムスとは違ったふうではあったが、彼同様にアウグスティヌスの心が異教作品にひどく興奮したことを示している。アウグスティヌスが一九歳で初めてキケロの『ホルテンシウス』を読んだ時、彼は深い感動を覚えた。彼の心を動かしたのは、キケロの文体ではなく、その内容だった。「この本は、私の好みをすっかり変え、私の祈りを、ああ、主なるあなたご自身に向けさせ、私に違った希望や願望を抱かせたのです。」あまりに自己中心的で、聖書の価値を正しく理解できなかった時に、この本は自分に「英知の愛」をたきつけたのだと、彼はわれわれに語っている。[21]一年後アウグスティヌスはアリストテレスをむさぼり読み、自分が読んでいるものを、彼が言うところでは「たいした困難もなしに」、「そしていかなる人の教えもなしに」

理解することができた。しかし、それは彼に良い結果をもたらさなかった。というのも、それは彼の精神に深く浸透しなかったからである。「理解の速さと認識の鋭さの双方」が、神からの賜物であることは彼も認めているのだが、もしも神が自らの照明の賜物を加えないならば、それらは人に役立つのと同じ位に、人に直ちに破滅をもたらすのかもしれない。[22]結局、アウグスティヌスはヒエロニムスと同じく異教の著述家と折り合って、著書『キリスト教の教え』においてキリスト教的ヒューマニズム（Christian Humanism）の古典的弁護を書いた。しかし二人は世俗の学問について著しく違う考えかたをした。ヒエロニムスにとって異教の学問は、魅力にあふれ、法が許すならば結婚したいとさえ思う、囚われの女性であった。アウグスティヌスにとってそれは金や銀であり、イスラエルの子たちが自らエジプトから持ち出し、より良く役立てるよう命じられた略奪品のようなものだった。ここには「真理に難なく順応した自由学芸、そして有益きわまりない徳の諸原理[23]」があった。欲望と盗みの、これら荒涼たる二つの姿形が正当化されて、中世はキリスト教的ヒューマニズムに必要な論拠のおおかたを見出したのである。

しかしながら、アウグスティヌスは、世俗の学問とキリスト教徒としての洞察との間にいっそうの深淵なる関係性を見ていた。彼がそのことを回想する時、マニ教による若き日の混乱のなかから新プラトン主義へ、そして最終的にはキリスト教へと、知的遍歴の途上にある彼を導いたのはまさに神だった。驚くほど繊細な自己分析を行なうなかでアウグスティヌスは、新プラトン主義の作品、それから聖書へと辿り着いたその時間的経過の順序は、まさに意味深くまた神の意志によるものだとする考えを強めた。プラトン主義から出発して、キリスト教徒に回心したあとも、彼にプラトン主義の影響を思い起こさせるのは、他ならぬ神意によるものである、と彼は考えた。それ故、彼は「進むべき道をまだ見出していないが、いずこへ行くべきかを目にしている人々〔即ちプラトン主義者〕と、恵みの国を目にするのみならずそこに居住するように導く〔聖書の〕道」との違いに敏感になった。もしも最初に彼が聖書を心に留めたならば、後に出会うプラトン主義的作品に魅惑されたか、あるいは単にプラトン主義のみを学ぶことによってキリスト教へ結果的に辿り着いただろうと納得するかのいずれかであっただろう、と彼は思った(24)。言い換えれば、彼の知的・精神的進展の順序がそうでなかったならば、つまずくか、知的傲慢へと陥ってしまうかのいずれかになったであろう。

有名な回心の経験について指摘しておくことほど重要なことはない。それは、ヒエロニムスのアンティオキアにおける夢の約一一年後、つまり三八六年のミラノでのことだった。アウグスティヌスはすでにキリスト教への知的転向を遂げていたが、彼の意志はイチジクの木の下の庭の園での苦しみにまではなし遂げられていなかった。「私たちの何が問題なのか」と、彼はアリピウスに尋ねた。「無学の者は立ち上がり、天国を「摑む」、そして私たちは、学ぶ、しかし渇望する心を備え、自分たちが肉と血にまみれ、おぼれているのを見る。[25]」審判が下されるその瞬間、学識のある者と無学の者は全く対等であり、むしろ無学の者のほうがいくらか有利なのである。そのような学問は、救済とは無関係なのだ。そしてなおまた、「取って、読め」と若やいだ声がした。これは、聖人の最後の抵抗がくだける聖パウロの言葉である。危機に直面してさえ、精神は働き続ける。すべてが終わった時、彼が為すべきと感じた一つの象徴的な行動（結婚を断念する以外に）は、神に仕える「選び」の者の印として、修辞学の教授職を静かに辞することだった。しかし彼は、それによって学問を断念することはなかった。

事実、アウグスティヌスの回心は、キリスト教の歴史の上で最も多産な著述活動の一つの始まりだった。速やかにカッシキアクムへ隠居し、そしてそこで知の本質と真理を知る可能性について友人と会話した。ゆったりと談話することによって彼は思考の生命を活気づける最高の古典的伝統の中にあった。その会話を通じて、自分は知に至る鍵、すなわち信じる者は知ることが「できる」という信念を見つけたのだというアウグスティヌスの確信は深まっていった。彼はヒエロニムスのように、人間が見出すことは見出そうとしていることほど重要でない、と書くことができなかっただろう。賢い者は、知の探求だけで満足するはずがない。つまり賢い者は、いつか英知を見つけなければならない。「如何に人間の知恵が構成されているのかさえ、現時点では私は知らない。けれども、私はまだ三三歳なので、その最終的な結果に絶望するべきではないだろう。私は知的探求の旅を続けるつもりだ。……私が切に望んでいることは信仰によってのみでなく認識によって真理を摑むことだが、今やそれは私の確信である。」(26)

言い換えるならば、アウグスティヌスの回心は、彼（そして後世の彼の読者）に学問が本質的に救済とは無関係であるとはっきりと分からせた一方で、生涯にわたる研究や著述業に彼を向かわせた。その結果が、キリスト教信仰を理解するために、これまでなされてきた中で最も包括的で持続的な企ての一つとなった。アウグスティヌスはペラギウス派のベールに包まれたストア主義の代わりに、特にキリスト教倫理を発展させた。彼は、四一〇年のアラリックによるローマ陥落はキリスト教徒に根本的な責任があるとする人々に対する回答として、はっきりとキリスト教的な倫理学を磨き上げた。彼は、中世においては互いに共存し、宗教改革期（カトリックは彼の教会（Church）理論を保持し、プロテスタントは彼の恩寵の神学を補強した）に互いが引き裂かれるまで存続することになる、教会理論と恩寵の神学とを苦労して創り出したのである。彼は新プラトン主義をキリスト教思想の枠内に組み入れ、キリスト教哲学の真の創始者となった。このように、若い時に抱いた知識に対する渇望は、宗教的回心と道徳的完成は学問を究めるために欠かせない条件であるという絶対的信念に基づく、研究と解明の遠大な構想に変わった。アウグスティヌスにとって真理を探究するための純粋な世俗的学問などありえるはずもなかった。「知恵が、すべてを創造した神であるとすれば、哲学者は神の敬愛者である。」(27)彼は、回心後の間もないある時に、学者としての召命を見出した。それを彼の言葉でなくわれわれの言葉で表わせば、この召命は、古代文明が崩壊するまさにその時に、古典主義とキリスト教間の仲介者となり、彼の知的遍歴（オデュセイア）の広範さと宗教的体験の深遠さとを活用することとなった。

ヒエロニムスとの違いは明確である。過度に単純化してしまう危険を承知で、その違いを要約してみたい。ヒエロニムスは、彼の夢にもかかわらず、「一度生まれたきりの」キリスト教徒で、アウグスティヌスは「二度生まれた」キリスト教徒だった。ヒエロニムスは、言葉や言語を愛する文献学者であり、アウグスティヌスは、哲学者、理念の愛好者だった。ヒエロニムスは、俗世間の現実に魅了され、時に悩まされたが、アウグスティヌスは、神や霊魂の問題に神経を集中させていた。ヒエロニムスは、異教の学問の中に潜む危険を見ていたが、アウグスティヌスは、学問それ自体の中に危険を見ていた。ヒエロニムスは、現実世界の複雑性と、時に判断を中止することの必要性を心に刻み留めていたが、アウグスティヌスは、懐疑主義から確信へ、さらには独断主義へと移っていった。二人は二〇年以上（三九四―四一六年）にわたって地中海半ばを往き来する書簡を交わすことで聖書解釈についての議論を重ねた。アウグスティヌスは、『七十人訳聖書』（セプトゥアギンタ）は旧約聖書の霊感あふれるギリシア語訳であり、より偉大ではないにしても、ヘブライ語聖書原典と同等の権威を有していると信じた。ヒエロニムスは、ヘブライ語の文献学的分析を自身の拠り所としていた。アウグスティヌスは、聖パウロが少なくとも一度は嘘をついたと言わんばかりのヒエロニムスの口ぶりに特に心を痛めていた。当然のことながら、ヒエロニムスは、このような批判を甘んじて受ける者ではなかったため、論争は白熱したものとなった。結局ヒエロニムスは、これが異端者に良くない印象を与えていると判断し、議論を打ち切った。「私は、あなたを愛することに決めたのです」と、ヒエロニムスはアウグスティヌスに書いた(28)。ヒエロニムスはキリスト教徒である偉大なる学者、アウグスティヌスは学問に消えることのない足跡を残した偉大なるキリスト教徒だった。もしもキリスト教的学識者に原型があるとすれば、二人は代表的な人物だった。

ピエール・アベラール

われわれが七世紀後に時代を飛び越えるならば、中世盛期の最も興味深い二人の学者、ピエール・アベラール（一〇七九―一一四二）と聖トマス・アクィナス（一二二五―一二七四）に惹き付けられるだろう。彼らの中にわれわれは異なったタイプの二つの原型を見つけるであろうし、それはわれわれがこれまで扱ってきた二人、ヒエロニムスとアウグスティヌスの同類では必ずしもない。

思想史（intellectual history）の観点からみれば、一二世紀前半はローマ没落以降もっとも刺激的な五〇年だった[29]。ひたすら生き残りをかけた長期の闘いに最終的に勝利し、ヨーロッパはその溢れんばかりのエネルギーを感じ始めていた。十字軍遠征が開始され、西ヨーロッパの学者たちはイスラーム世界の図書館を渉猟し、アラブ人によって保存され、注釈が付けられた古代ギリシアの自然科学および哲学作品をラテン語に訳しながら、スペイン、シチリア、そして小アジアを旅した。知的興奮は広まり、パリがすぐにその中心地となった。一二世紀にパリは、中世で最初に「教師の町」と呼ばれる町となった[30]。わけてもそこの学生たちの大半を魅了し、知的興奮をおおいにかき立たせ、同僚教師のおおかたを憤慨させた教師は、ピエール・アベラールだった。

アベラールは、キリスト教的学問の歴史において、その人自身よりも著作の方が偉大であった重要な事例である。思考と精神のある種の自律性、知的業績と道徳的卓越さのある種の自主性が存在するが、キリスト教的学問の歴史を理解することが可能であるのであれば、われわれはこれらにあえて目を瞑る。私には不公平だと思われるのだが、生涯を通してアベラールは、世俗的な動機以外の何ものにも興味を抱かなかったという見解もあり得るかもしれない。しかしながら、彼の関心はキリスト教的関心事であり、そしてキリスト教的学問の上に永遠の足跡を残した。乱暴な対比をすれば、彼がもたらした学問的恩恵は、彼自身の精神状態にもかかわらず力強いものだった。彼にあっては学問的任務は人物自体よりも偉大だった。

『災厄の記』(31)で、彼は自分でも気づかないままに圧倒的な自身の肖像を伝えている。アベラールは、いかに自分の抱えている問題のほうが友人のそれよりも悪い状態であるかを示すことで、苦しみのうちにある友を慰めようとして、これを書いた、と言っている。それは、学問への情熱を彼のキリスト教的理想の統制下に置こうと努めながら、失敗した――そしてそのことを理解した――人の肖像である。明らかに彼は、一方の学問的業績と、他方の道徳的純粋さや謙遜との間にある、一対一の相関関係のようなものを信じるようになっていったが、それは彼自身の人生において全く実現されえず、彼の行為の結果によっていくらか誤って伝えられた相応関係だった。彼は学問に対する貪欲なまでの執着心を満たすため、封建貴族としての相続権を放棄した。学生時代の彼に対するパリの教師たちの評判は、芳しくなかった。彼は教師たちに比べてあまりにも頭が良すぎ、教室内では教師たちを困らせ、教室外では教師たちの皮肉を言っていた。最後には自分で学校を開設し、元の教師のところから自分の学校へと一群の生徒たちを引き抜いてしまった。明らかに野心的理由により、彼は論理学から神学へと転向した。神学は諸学の女王であり、彼は論理学者よりも神学者になったほうがいっそう名声を得ることができることを知っていた。彼は最初の神学教師の聖書の知識をひどくあざ笑ったため、「エゼキエル書」について勉強したことがなかったにもかかわらず、それに関する講義を行なうと宣言せざるを得なくなった。その講義は大成功を収めた。教師は感動せずに、そうだと言った。「かくして迫害によって」とアベラールは述懐するのだが、「私の名声は高まった。」と。

彼は、エロイーズとの悲劇的な情事に、後の世代がしたよりもいっそうお粗末な言い訳をした。それは、いわゆる学問への普遍的情熱のうちに始まり、真に高潔でロマンティックな愛となって花咲いた。しかし、彼がそのことを振り返ったとき、彼には自身の高慢、肉欲、天罰としか思えなかった。彼は、高慢と肉欲の原因を、一人のキリスト教徒としてのみならず一人の学者としての自身の堕落にあると述べた。知的傲慢に陥ったため、いともたやすく肉欲の犠牲となったのだ、と彼はいう。哲学あるいは聖書のいっそうの知的理解が進めば進むほど、「克己によって特に優れた」偉大なる哲学者や神的な人たちからはますます遠ざかった。エロイーズに対する彼の愛は自分の仕事をなおざりにさせ、以前に学んでいた事柄を単に繰り返すだけとなった。エロイーズが母親になり、アベラールが彼女に結婚を申し込んだとき、エロイーズは独身制と哲学的偉業との間には昔から明らかな関係があると主張した。確かにソクラテスは結婚したが、彼女によれば、そのことは「哲学を穢したことになる」のであった。彼女は、アベラールが「万人のために創造された」にもかかわらず、一人の女性に身を捧げるならば、それは「恥ずかしいこと」で「嘆かわしいこと」である、と主張した。しかしながら、彼らは秘密裏に結婚した。けれども、アベラールは彼女を棄てるつもりではないか、と心配した彼女の叔父が、親戚に頼んで残酷な攻撃を加えた。こうして自分の肉欲は去勢によって終わりを遂げた、と彼は書いている。最も賞賛された著書に対して教区会議が下した非難と焼却の宣告によって、彼の自尊心はじきに打ち砕かれることになった。（彼は、自らが全く不公平だと考えた——実際そうであった——宣告によって、自らの知的自尊心がどれほど打ち砕かれたかを語るが、その理由は説明していない)。ともかくも、彼にとっての不幸な出来事が「快楽的誘惑から彼を自由にし」、結果的に気を散らすことなく聖なる奉仕に自らの身を捧げることが可能となったのは神意によるものだ、とする友人達からの慰めを受け容れた。彼は修道士となった。そして物語の最後では遠きブルトンの修道院にいて、同僚の修道士らが自分を毒殺しようとし、自分の敵は壁の外で待ち伏せていると確信している。

この痛ましい物語において、アベラールはしばしば付随的にヒエロニムスを引き合いに出し、ヒエロニムスがローマ人によって東方に追われたのと同様、自分もまたフランス人によってパリから西方のブルターニュへと追われたのだと述べている。彼が受けた審判は、彼にはヒエロニムスのそれと同じに思われ、「ヒエロニムスの継承者である私は、自分が誹謗中傷の渦中にあるとみている。」独身制と知的偉業は密接な関係にあるとする考えは、彼自身が述べているだけでなく、エロイーズの口からも言わせているが、それはアベラールがヒエロニムスから引き出したものである(32)。

一見したところでは、野心とさまざまな事件はキリスト教的学識者としてのアベラールの経歴を説明しているように思われる。しかし、ことはそれだけに留まらない。この不安定で病んだ魂の持主は、歴史上、最も並み外れた教師の一人だったし、その作品はいやしくも中世盛期において読書し、思考する者すべてに影響を与えた。彼の書いたものは、彼の教えから直に成長したように思われる。性急に結論を出す前に学生に考えさせるため、信じたことを理解するように促すために、彼は三位一体の議論（その著書は断罪された）、キリスト教神学に関する長大な論文、学生へのより短めな序説、（とりわけ彼が興味を示した）倫理学に関する著書、哲学者、ユダヤ教徒、キリスト教徒間の対話（自然法やユダヤ教に対するキリスト教の優位性を主張するために企図された）、そしてなかんずく『然りと否』（*Sic et Non*）を執筆した。この最後の著書に付された序文の中で、彼は自分の目的は、若い読者を刺激して彼ら自身で真理を探求するようにさせることであると述べている。「というのも、われわれは疑うことによって探究するようになり、探究することによって真理を見つけるからである」と、彼は頻繁に引用される言葉を書きしるした。この書自体で、神学や倫理学の一五八の命題に関して、賛否両論の立場から教父たちが示した一八〇〇の相対立する見解を列挙した。例えば、「信仰は人間の理性によって支えられているか否か。神にとってすべては可能か否か。人を殺すことは合法か否か」といった具合である。しかしいかなる結論も引き出されなかった。学生は、自分なりの結論を下すよう求められた。アベラールは、自分の問いが解答不可能であるとは考えていなかった。彼は、問いの多くに対し、神学に関する別の著書の中で、弁証法を用いて答えを与えていた。しかし、与えられたいかなる問題に関しても、相対立する文献をくまなく集めること、そしてそれらを理解することが、最初の一歩なのである。他の箇所で、「すぐに信じる者は軽率だ」という趣旨の「ベン＝シラの知恵」（「集会の書」）を引用して、自らの人生の核心となる信念を要約した(33)。

アベラールが教授と著述とを介して行なったことは、ヨーロッパ史上、極めて重要なときにキリスト教信仰について同世代の人々に考えさせた――それも懸命に考えさせた――ことであった。これは、若いヨーロッパ社会が自意識に目覚め、イスラーム教、あるいはイスラーム教の背後にある古代ギリシア思想の中に、キリスト教に匹敵するような別の何かがあるという意識を抱きつつある時期だった。アベラールは、キリスト教信仰は自らを弁明でき、それ自体は合理的でないとしても、合理的に根拠づけられなければならない、と主張した。私は、彼が学者としての自分の使命について、高い宗教的意識を持っていたとすべき根拠を示すことができない。ある批評家が、彼は「学問のための学者」にすぎなかったと言っているのは、的を射ているであろう(34)。しかし私は、次のように述べることは可能だと考える。すなわち、彼が自分のことを、キリスト教世界の気高い者たちに命を与えんと神に命じられたソクラテスのごとき存在だ、と思っていたということである。少なくとも、彼がソクラテスに成り変わって、「検証されていない信仰は信ずるに値しない」と述べていると想像することは容易だ。彼は、徹底的な合理主義者ではなかった。神の啓示は依然として、彼が依って立つ礎だった。聖書は権威として扱われるべきものであり、教父たちもまた、彼らがそれに同意してくれるのであれば、同様であった。人間が救済されるのは、簡潔な信仰によってであり、人間の理性によってではない。キリスト教徒は信仰から理解へ向かっていくのであり、理解をもって信仰に至るのではない。しかしアベラールは、理解に到達することができたら、それは喜ばしい経験である、と付け加える。文法学、修辞学、とりわけ弁証法などの自由学芸は、聖書と教父の理解のために極めて重要である。事実、彼の指摘では、回心の前に自由七科の徹底した教育を受けた聖人らは、回心の後に聖なる学問をいっそう良く行なうことができた。例えば、パウロは召命後に、教義においてはペテロよりも大きな恩寵を得た(35)。

アベラールは、スコラ学と呼ばれる啓示の集積において、一貫して体系的に理性を用い続けた代表的な著述家のひとりであった。文書を収集し、比較し、見極める彼の方法論はペトルス・ロンバルドゥスに受け継がれたが、このペトルスは中世で最も影響力のある神学の教科書を書いた。ペトルスはアクィナスが調整し、アクィナスの死後も幾百年にわたって効果的に使われることになる武器を発明した。個人的には欠陥の多い人物だったにもかかわらず、アベラールはキリスト教的学識者の最前列にいる。

トマス・アクィナス

アベラールの死後一世紀を経て、パリの教師たちは自分たちで「大学」を組織したが、アベラールの時代のままに彼らの生活は大抵荒れていて、彼らの口論は暴力的だった。とりわけ、アベラールによって提起された重大な問いは、未だに解答を与えられていなかった。すなわち、キリスト教は新しい知的勢力、特にアリストテレスを吸収できるか、それとも最後にはそれらの影響に屈するのであろうか、といった問いである。アリストテレス主義をキリスト教にとっての脅威から有用な物、財産へと変換させたのは、他の誰でもなく、まさにトマス・アクィナスその人だった。彼の人生と人柄に関するかなり乏しい情報からも、人と仕事がこれほどまでに密接に一致し、また自らの仕事にこれほどまで相応しくあった人は決していなかったのではないかと思われる。アリストテレスと聖書を一致させるというのは、大きな注文であった。もっと厳密に述べるならば、パリ大学の人文学部におけるアリストテレスに対する危険なまでの熱意と、神学部における彼に対する偏狭なまでの侮蔑（それはアウグスティヌス主義的にしてプラトン主義的であった）との間を舵取りするためには、偉大な精神のもつ輝きと聖人のもつ我慢強さ、第一級の学者的な洞察力と実践的なキリスト教徒の献身が要求された。そしてこの課題が幸いにも招来したものはこれである。即ち「学識ある者のうちで最も聖人的な人にして聖人中で最も高い学識を備えた人」(36)を。

トマスは、背が高く色浅黒く図体の大きい男で、疲れを知らない精神的エネルギー、並外れた集中力、信じがたい感情の均衡を有し、自身の召命に対して厳しいまでにひたむきな人だった。彼の死から五〇年後に行なわれた列聖審査では、「その口調は穏やかで、会話はゆったりとしていて、容貌は明るく人当りも良い、また善良で、ふるまいは寛大でもあり、非常に辛抱強く、非常に用心深い(37)」と評された。彼は一〇代半ばで、衝撃を受けた貴族の家族の反対にもかかわらず、ドミニコ会に入ることを決意した。一二四四年に修道士になるも、母親の命令で兄弟によって連れ戻され、実家で一年間の軟禁生活を送った。兄弟の一人が彼を誘惑するために「一人の若くて可愛らしい少女」を彼の元に送ったが、無駄であったと言われている。彼はその生涯において独身を通し、死の床にあっての告解は、あたかも五歳の子どものようだったと言われている。

トマスは結局故郷ナポリを離れ、パリとケルンで学ぶために、当時最も偉大な学者であったアルベルトゥス・マグヌスのもとを訪ねた。一二五六年、三一歳のときに神学の学位を取得し、神学講義を行なうためにパリ大学に招かれたが、躊躇した。ドミニコ会修道士に対する敵意が大学内にあることを彼は知っており、また人前に出る学者という仕事を恐れ、議論を嫌っていた。彼は、聖祭壇の前にひれ伏し、大学でののっぴきならぬ状況に思いを馳せて、詩編第一二のラテン文を朗読し始めた。「私を救いたまえ。ああ、主よ、あなたへの信頼は、人の子らの中から消えつつありますが故に。」「彼は長い間祈り、嘆き、それから寝入った。そして見よ！彼は、いくらか年老いて、天の位階にある尊敬すべき兄弟の姿をした使者が、目の前に現れたのを見た。その人は、トマスに言った。「修道士トマスよ、この祈りと涙は、どうしたことか。」彼は答えた。「なぜなら、あの方たちは、私を教師にするつもりですが、私の知識はそれに値しません。そして、私には、自分の就任式での演説にどのような主題がふさわしいのか、分かりません。」その老いた人は答えた。「見よ、あなたの祈りは聞き入れられた。博士としての重責を負いなさい。神は、あなたと共にある。就任式では〔詩編第一〇四からの〕言葉のみを解釈しなさい。すなわち「主は天上の宮から山々に水を注ぐ。御業の実りをもって地を満たされるのである」。(38)」トマスは生気を取り戻し、顔色は明るくなった。そしてトマスは教授すること、討論することの、そして一八年後の四九歳で早世する数か月前まで筆を置くことなく続ける著作活動の重責を引き受けた。

これらの歳月で彼が生み出したものには、ほとんど信じ難いものがある。いかなる内的葛藤も自己憐憫も個人的闘争も、生涯にわたる神に選ばれた仕事から彼を引き戻すことはなかった。すなわちその仕事は、理性と啓示は同じ真理を目指し、人は感覚と理性によって長い道のりを経て、恩寵のうちに彼のもとに降りてくる御手へと上昇することを論証することである。トマスに関して述べ伝えられている内容は、核心部分においては真実であろうが、彼の精力と献身については誇張されている。われわれが耳にするところによると、彼は不眠不休で仕事に励み、四つの異なる主題に四人の書記を割り当て、眠りに落ちても寝ながらにして口述し続けることができた。「彼が学問的恩恵に浴していたのは、知的努力というよりはむしろ祈りの力の方が大きかった」と、弟子のレジナルドは言った。研究や執筆の前、討論や講義の前に彼はそっと祈りを捧げていたものだった。そして難問に真っ向から突進していったとしても、疑問にぶつかると聖祭壇の前に行き、そこにしばしむせび泣きながら立ち尽くし、それから解答を書き留めるために小部屋に戻っていた。彼はおそらくキリスト教徒の心が生み出した、最も偉大な神学体系を構築したが、亡くなる三か月前に、ある変化が訪れ、レジナルドにはっきりと述べた。「私にはこれ以上は無理だ。私が書いてきたものがことごとく紙屑に思われるような事が、私に開示された。[39]」

トマスの場合、その人柄と著作の一貫性は疑問の余地がない。彼自身についても、その著作についても、後世の解釈者たちは同じような表現を用いることになる。すなわち、思考の健全さ、平衡感覚、節度、一貫性、包括力、鷹揚さ。アクィナスにとって神は決して気まぐれでなく、学者としての彼自身も同様であった。内的葛藤のすべてに由来するように見える彼の全作品には、基盤となる客観性が存在した。彼は自身の苦難の歴史について何も書かなかった。一度聖祭壇の前で、自分が召命に対して相応しくないという気持ちを伝えたことがあったが、それ以降、われわれの知る限りでは、彼は聖祭壇においては自分の年齢や研究、あるいは教会や大学の問題のみを語った。彼は当時の焦眉の神学的問題を探究し、広い見識をもって双方の立場からあらゆる論点を整理し、それからアベラールとは異なり、祈りと神から与えられた理性に依拠しながら、適切なときにははっきりと「私は……と言って回答する（*Respondeo dicendum*……）」と調停に入り、問題を解決した。彼はアベラールの挑戦を受けとめた。探究することによって真理に「到達した」のである。

以上の事は、神が人間に学者となるよう召命する仕方、神が学者に対して与える課題、そして学者が神の召命に応答する仕方を示している。ヒエロニムス、アウグスティヌス、アベラール、そしてアクィナスは、キリスト教的学識者が負うべき三つの重大な課題のうち、一つまたはそれ以上の課題を果たすために、それぞれ異なった仕方で召命を与えられた。三つの課題とは、ユダヤ的キリスト教の伝統それ自体を再検討すること、この伝統を世俗文化と関連づけること、そしてこの伝統を科学的発見と関連づけることである。彼らは、キリスト教徒の召命としての学問が、単一でなく多様であることを典型的に示している。他の多くの学者でなくあえてこの四人を選んだ主な理由は、彼らが最も標準的なタイプであり、後世のキリスト教的学識者らが意識的にせよ、半ば無意識的にせよ、彼らを手本にしているように思えるからだ。それぞれが自分たちの作品のなかで生き続けた。ヒエロニムスは特に『書簡集』のなかで、アウグスティヌスは『告白』のなかで、アベラールは『然りと否』のなかで、そしてアクィナスは『神学大全』のなかで。またそれぞれにおいて、彼らの後継者であるキリスト教徒が新たに取り組まなくてはならないような問題が具体化された。アテネはエルサレムと、キケロはキリストと、一体何の関係があるのか。人間は信仰から出発することなしに、知ることができるのか。批判的知性は、キリスト教信仰に危なげなく適用できるのか。キリスト教と世俗文化の統合は可能なのか。これらの諸点は、熱心な人たちが「学芸復興」（ルネサンス）と呼ぶものにおいて依然として非常に生き生きした課題であった。

第二章　学芸復興（ルネサンス）

——ペトラルカからコレットまで——

学芸復興（ルネサンス）とキリスト教的学識者

近代の批判的学問は、近代の実験科学と同様に、中世後期の知的運動にその起源を持っているると言えるかもしれない。もちろん、この二つの知的分野の遠い起源は古代ギリシアにあり、近代西洋という枠組みの中で絶えることなく続いてきた両者の発展は、それぞれがペトラルカとウィリアム・オッカムから始まった。近代の科学者が自然に対して抱く興味や態度が、パリや（後には）パドヴァのオッカム主義者の懐疑主義的、探究的、経験主義的態度のうちに見られたのと同様に、近代の学者の精神的前提や批判的方法は、一五世紀のフィレンツェやローマ、そして一六世紀のアルプス以北におけるペトラルカの後継者の中に見られ始める。周知のように、それは、古い世代の歴史学者が「学芸復興」と呼んだものから生じた。ここでわれわれは、この用語の妥当性を論じるために時間をとる必要はない。明らかに、ペトラルカ以降のイタリアにおける「学芸復興」を語ることは、中世盛期の科学や哲学を不当に扱っていよう。ここでその用語は、ギリシア・ローマの文学や哲学に関心を持つ学者が、数においても熱意においても急増したこと——これは一四、五世紀のイタリア史における顕著な特徴であった——を特徴づけるために、純粋に説明的意味で用いられる。このように考えると、学芸復興とは、量的な次元で量られうる社会変化であった。しかしそれはまた、かなり複雑で重要な知的革命でもあった。

ダンテの死（一三二一年）からマキァヴェッリの死（一五二七年）までの二〇〇年間に、イタリアの教養人がギリシア・ローマの古典文学を探し出し、読み、議論することに傾けた、あふれんばかりの情熱を理解することは、二〇世紀のわれわれには困難である。知的世界だけでなく社会の改革も進行中であったことを思い起こすならば、当時の様子を理解することは少しは容易になる。北イタリアの豊かな都市ほど、自己意識が強く、地域政治において強い権力を握った中産階級が存在した場所は、他のヨーロッパのどこにもなかった。しかし、古典の復興が生じるまで、彼らは自分たちのものといえる文化を持っていなかった。ヴェネツィア、フィレンツェ、ミラノといった都市の商人、銀行家、法律家、行政官にとって、封建貴族の騎士道文化は全く異質であり、彼らの関心をあまり惹かなかった。同じことが、聖職者のスコラ学についてもあてはまる。しかし、キケロとウェルギリウス、プラトンとアリストテレスは、彼らの都市と似ていなくもない都市社会について書いていた。古代の歴史学者、哲学者、詩人は、市民的、道徳的、美的な問題について、人と社会の関係について、そしてこの世でより良く生きる術に関心を寄せていたのである。これらすべての議論が、北イタリア、そして最終的にはヨーロッパ全域の商人や知識人に影響を与えた。三世紀のちの科学同様、古典はある種の深く定かならぬ要求を満たすかのように思われた。ここに、豊かな多様性と魅力に満ちた世俗文化が存在した。それは長らく、聖職者のスコラ学という堅固な体系の下に隠されていた。聖職者と俗人が同じように古典の写本を求めて修道院を探し回り、熱心に写し取り、そして自分たちの発見した写本について長々と注釈していたことは驚くにあたらない。一五世紀には、そうした発見を熱心に支援する人々が存在した。今や、古典教師を職業とする者も現れた――裕福な商人の子弟に教育を施したり、都市行政のための公文書を作成したり、あるいは裕福なパトロンのために詩を作ったりした――これは新しい出来事だった。

他にも社会的な変化の兆候があった。暗黒の時代、修道院はヨーロッパにおける学問の中心だった。中世盛期には、司教座教会やその付属学校が、しばしば大学の役割を担った。今や、君主の宮廷や裕福な都市のパトロンの館が知的活動の場として重視されるようになった。一六世紀初頭には、宮廷に加えて素晴らしい印刷所が、教養ある人々の会合場所となった。図書館は、初期には写字生が写本を作成することによって、後には印刷された書籍を入手することによって、古典古代以降、かつてないほどの速さで発展した。一五世紀において、写本は崇敬の対象であり、高値で買い求められ、平和協定の際には交渉の対象とされ、貪欲な学者たちに盗まれた。図書館に収めるために選ばれた書籍からは、三点の復興の影響を読み取ることができる。すなわち、一四世紀の古典ラテン語の復興、一五世紀前半のギリシア語の復興、一五世紀後半のヘブライ語の復興である。一五〇〇年頃には、優秀なラテン語学者は、今日の心理学者のように多くの仕事を依頼された。平凡なギリシア語学者も、授業料を支払い指導を熱望する学生をヨーロッパのどこでも見つけることができた。どんなヘブライ語学者でも、ヘブライ語学者の看板を出せば、評判を呼んだ。パリで、大変暑い盛りある夏の時期に、一人のイタリア人ヒューマニスト、アレアンドロが、ローマの三流詩人アウソニウスに関する連続講義の開催を発表した。二千人もの人々が最初の講義に押しかけ、二時間半もの間——講師によれば、疲れたそぶりもなく——聞き入ったという。三日目には、講義は一時開始であったにもかかわらず、すでに一一時にはすべての席が埋まっていたという。この話が有名である理由は、それが

珍しかったからでなく、古典の復興期におけるヒューマニストと聴衆の典型的な関係をまさに表していたからである。(1)

こうした学芸復興の表面的で顕著な変化と並んで、やがて知的革新へと達するような、より微妙な態度の変化も起こっていた。ごく簡潔にいえば、この革新は、すべての学者が学んだ三つの基本的な自由学芸の領域で生じた変化、すなわち、主な学問分野として、論理学から文法学や修辞学への重心移動が生じたことにあった。アベラールにしてみれば、アクィナス同様、論理学は自由学芸の女王であり、文法学や修辞学はその侍女だった。彼らにとって真理とは、神、人間、そして自然に関する真の命題であった。これらの命題の一つに到達するためにアベラールが採用した方法は、次のようなものだった。最初にある問題を提示し、聖書や教父の著作、あるいは古代の哲学者の著作の中から、その問題に関して彼が見つけ出すことのできたあらゆる記述を収集する。次に、比較的容易でそれほど重要ではないのだが、〔収集した〕各記述の意味を、文法学を駆使して決定する。そして最後に、特にアクィナスは非常に重要視したのだが、矛盾を検討し、偽なるものから真なるものを識別し、古代の哲学者、特にアリストテレスが発展させ、アウグスティヌスのような教父が奨励した論理学を慎重に用いることによって、命題の形式に沿って真なるものをふるい分けるというものだった。明らかに、中世のスコラ学者は、歴史学者であるよりももっと哲学者であった。

古典の復興は、学問自体の性質やその対象とともに、学者の精神にも根本的な変化をもたらした。アベラールは、命題を立証したり否定したりするための数節を選び出したが、ペトラルカは古典の著作家の全作品を夢中になって読んだ。アベラールは、文法学と修辞学を論理学（弁証法）の下位に置いたが、ペトラルカと彼の追随者は、論理学を文法学と修辞学の下位に置いた。言葉と形式に関する研究、言語の構成や機能に関する研究、読者との関係においてなされる著者についての考察、そして彼の仕事の全体的な目的――こうしたことが、次第に学者の関心を集めるようになっていった。エリザベス朝の英語では、一般に「学者」（scholar）は、ギリシア・ラテン文学に通暁している者を意味したということは重要である。このように、学芸復興の意義は、哲学から文献学へ、論理学から文学へ、抽象的な真理から具体的で個別的な事実へと関心が変化したことにあった。リチャード・マッケオンの言葉を借りれば、それは「論理学の文法学への転換」だった。著者と読者をめぐる議論が、時間と個人を超越した議論よりもいっそう重要になった。「教説や伝統よりも文書や著者に新たな力点が置かれた。……教義より光明、知より愛、原理より文字が探究された。[2]」

おそらく学問的な関心や重心の変化がもたらした非常に重要な結果は、歴史的な視点という新しいものの見方の発展、すなわち、時代錯誤に対する感覚の誕生（あるいは再生）である。中世のスコラ学者にとっては、時間を超越した抽象的な真理が最大の関心事であったが、これは中世において歴史的感覚が未発達であったことを反映していた。結局、永遠や不変のみが重要であると人々が信じていた時代には、重大な変化に対する感覚はほとんどなかった。ゴシック芸術が明らかにする事実は、中世の芸術家に、異教の古代が生き続けていたということであった。ユリウス・カエサルやアレクサンドロス大王は中世の鎧をまとっていた。誰も歴史の連続性に本質的な断絶があるとは感じていなかったからである。フリードリヒ・バルバロッサは、未だに「ローマの皇帝」であり、「ローマ帝国」が存在した。カエサルとバルバロッサ間の単なる時間的経過は、著作家たちは意識していたところだが、重要ではなかった。古典古代は、未だに同時代として感じられていたのである。しかし、ダンテの死後、この見方に変化が生じた。明らかにペトラルカは、彼の時代と古典古代との間に横たわる「暗黒の時代」を最初に口にした人物だった。いつのまにか、過去に対する全く新しい感覚、現世的な見方を持つ新しい感覚が生まれたが、それはイタリア人の画家が遠近法を使って空間に人物を配置し始めたのとほぼ時を同じくしていた。「ローマ帝国」（*Romanorum Imperium*）は存在していたが、レオナルド・ブルーニやフラヴィオ・ビオンドのような学者は、ローマ帝国がすでに「衰退」して「暗黒の時代」が続き、その後に市民文化の「復興」あるいは「再生」が生じたことを理解し始めていた。このように、時代錯誤に対する感覚が復活した。今やカエサルは、空間だけでなく時代的な観点から、トーガをまとった姿で描写されなければならなかった。時代の連続性は消え、今や古典古代は、新たに誕生した三つの学問分野――歴史学、考古学、文献学――によって、文化的総体として把握され、理解された。ゴシック精神にとってそうであったように、「古典的世界は、財産と脅威の双方であることをやめた」と、パノフスキーは書いている。その代わりに「永遠の追憶の対象となった。……ゴシック以前の中世は、古典古代を葬り去らせぬままにし、ときには活気づけ、ときにはその体を弱らせた。ルネサンスは、その墓穴の傍らで涙を流しながら立ちつくし、古典古代のその魂を甦らせようと試みたのである。(3)」

これらすべてのことが、キリスト教に真摯に関わろうとする学者に対して何を示唆するかは、当初は曖昧で判然としなかった。中世のキリスト教社会でギリシア哲学を受容することは容易ではなかったが、アクィナスやその他の学者はそれを行なった。アベラールは、論理学をキリスト教に適用する方法を発見したが、文法学や修辞学については懐疑的であった。「ホラティウスは詩編と、ウェルギリウスは福音書と、キケロは使徒と何の関係があるのか」と、彼はヒエロニムスに倣って問うた。(4) キリスト教的ヒューマニストが最も受け容れやすい事柄は、論理学（とスコラ学全般）を非キリスト教的であると批判すること、アリストテレスはキリストと何の関係があるのかとエラスムスと共に問うこと、文法学と修辞学をキリスト教の信仰と潜在的に結びつくものとして賞賛することだった。ペトラルカ以降、ヒューマニストたちはそうしたが、自身や他人を説得することは、思っていたほど簡単ではなかった。そしてこれこそが、宗教改革期のキリスト教的学識者とその召命の研究に関心を抱かせる。ひとつには、アベラールやアクィナスを拒絶することは、ヒエロニムスやアウグスティヌスが学者あるいはキリスト教徒として同じように提起した根本的な問いに立ち返ることとなった。また、哲学者としてではなく歴史学者として益々おおいに思考することで、キリスト教思想家は気がかりとなる新たな問いをつきつけられた。もしキリスト教それ自体の中に歴史的連続性の裂け目があったとしたら、教会の創設者の精神に近い初期の使徒教会と、知らないうちにキリストと断絶してしまった、後のより暗い時代の腐敗した組織との間に裂け目があったとしたら、どうであろうか。新しい歴史学、考古学、文献学が、永遠の信仰としてのキリスト教の構造やその根幹を揺るがすとしたら、どうであろうか。「学芸復興」（ルネサンス）の結果、キリスト教的学識者の行なう仕事は増大した。

この問題のいくつかの側面を示すため、前章と同様に特定の事例を選択し、集中的に検討するという作業を行なわねばならない。学芸復興がキリスト教的学識者と彼らの使命に与えた影響について考察する際、扱うべき最も重要な人物は、ペトラルカ、ロレンツォ・ヴァッラ、ピーコ・デッラ・ミランドラ、ジョン・コレットである。本章では、これら四人のキリスト教的学識者を取り上げる。

ペトラルカ

フランチェスコ・ペトラルカ（一三〇四—一三七四）は、われわれが論じてきた新しい学問的な関心や視点を、個人的に深く自覚した最初の人物、少なくとも、自分の疑念や懸念について明示した最初の人物だった。ペトラルカは、当時の誰よりも明確に、古代ローマをありのままに、無限の魅力に満ちた異教的社会として歴史的に認識することができた。彼はこの社会が死に絶えたことを知っていたが、想像力によって古代ローマの偉大な人物やその思想を復活させ、彼らと精神的な親しさを感じて生きる術を経験によって見出した。これによって、「ローマ共和政」（*Respublica Romana*）と「キリスト教的共同体」（*Respublica Christiana*）、市民の理想と修道院の理想、キケロとキリストの間に横たわる大きな隔たりに対する彼の感覚は、独特の鋭さを帯びた。かつてヒエロニムスに起こったように、キリスト教徒ではなくキケロ主義者であるとして、（神の）声によって非難されるであろうと考えた。しかし、いかにも彼らしいことではあるが、異教古代への愛とキリスト教への献身の間で彼が感じた葛藤は、夢ではなく、想像上の文学的対話の中に表れた。それが、聖アウグスティヌスとペトラルカの間で交わされた有名な対話、『わが秘密』である。ペトラルカはこの著作を一三四二年、三八歳のときに書いたが、常に枕元に置いて、彼の知的影響力が最高潮に達したときにも、自己省察の必要性を思い返した。問題は本来、ヒエロニムスの問題であった。だが、ペトラルカが自身の情熱と悩みを最も理解してくれるだろうと考えた教父は、ヒエロニムスではなく『告白』の著者であった。対話に登場するアウグスティヌスは、不思議な混合物となっていて、ある部分ではアウグスティヌス本人だが、ある部分ではペトラルカのとり澄ました中世的良心を体現していた。アウグスティヌスは、ペトラルカのもっと人間的な部分と議論するときは常に正しいが、必ずしも人間的欠点を十分に分かっているというわけではない。彼は議論に勝利を収めるが、ペトラルカの魂に負ける。

ペトラルカの『わが秘密』は、自己分析に関する非常に繊細な作品である。アウグスティヌスは、ペトラルカの精神を、熟練した魂の医者の手で容赦なく解剖し、露わにする。ラウラへのペトラルカの忘我は、彼が主張するほど高潔なことでも高貴なことでもなかった、とアウグスティヌスは言う。聖人によると、文学的名声に対するペトラルカの野心は、彼が自覚する以上に膨れあがっており、際限がない。さらに、彼の怠惰（*accidia*）、つまり彼の内的憂鬱と不安は、絶望的なまでに分裂した彼の精神と意志の産物である。ペトラルカが、これらすべての欠点を外的な要因や影響のせいにすると、アウグスティヌスは、容赦なく彼を内面的な本質に向き合わせる。苦労の元は「きみの混沌とした心」なのだと彼は言う。きみは「熟慮して行動していない。」つまり、「きみは自らの強さをいかなるものにも全力で用いていない。」というのも、「それ自体の穢れを忌み嫌いはするが、清めさらない精神に対する怒りの苦痛に悩んでいるからだ。」セネカかキケロを読みなさいと彼は言う、特に関わりのある『心の平安について』のあなた自らの本を読みなさい、と。きみは、「あらゆる分野の達人」だが、同時代の多くの作家たちと同様に、自分が他人に説いていることを実践していない(5)。

明らかになっていく苦労の根源は、仕事と良心（意識）の間の深刻な二分裂にある。ペトラルカの同時代人の誰も、彼ほど研究や執筆の喜びに心を奪われ、没頭しなかった。生涯を通じて彼は、自分が愛した仕事を道徳的に正当化するに足る何かを求めた——徒労のままに。彼はアウグスティヌスに対して名誉に関するキケロの定義、「市民仲間とか祖国とか全人類とかにひろまっている、功績にたいする輝かしい評判」を引用し、これこそ、自分が行なっていることであると示唆した。しかし、アウグスティヌスは取り合うことなく、次のように言った。「きみの弛みない努力、不断の夜更かし、旺盛な研究心は、いったい何のためなのか。きみはおそらく答えるだろう。自分の生に有益なものを学ぶためと。だが、生ばかりか、死のためにも必要なものをきみが学び知ってからすでに久しい。だから、骨の折れる探究に深入りするよりも、学び知ったことをどのように実行するかを経験によって探るべきだ。そこでは、つねに新しい神秘、究めがたい未知の深淵があらわれ、決して終わることがないからね……。」「ほかの人たちについて書きながら、きみ自身を忘却している。(6)」ペトラルカは、それは私に仕事をやめよということですか、と尋ねる。するとアウグスティヌスは、そうだ、ローマはこれまで賞賛されてきた、迫りくる自身の死のみを考えよ、と答える。ペトラルカは、アウグスティヌスがもっと早くにこのことを言ってくれればよかったのに、と述べ、以下のように結論づける。「できるだけわたし自身のことに気を配りましょう。わたしの魂のばらばらの断片をあつめ、注意深くわたし自身のもとへ戻りましょう。」しかし「いまは急いでほかの仕事に打ち込みますが、これはほかでもなく、それらの仕事をかたづけてからこの問題に立ちかえるためです。――さきほどおっしゃったように、この問題ひとつに専念し、寄り道をせずに救いへの正しい道をたどるほうが、はるかに安全だろうことはわかっています。でも願望をおさえつけることができないのです。」「真の秩序」とは、「死すべき人間たちのあいだにあってまず考えるべきものは滅ぶべき事柄であり、一時的な事に続いて永遠なる事がくるのです。」そうしているあいだにもペトラルカは、神の導きを祈る。「お願いしてくださることがこの身に生じますように！　そうすれば神のお導きによって、こんなに多くの回り道から安全に抜け出せましょう。」(7)

対話の中でペトラルカは、アウグスティヌスとアベラールをとらえた問題を再び提起した。それは、学識と善との関係、もっと厳密に言うと、学問と性との関係にまつわる問題である。罪人《つみびと》はよい学者になりうるのか？「思い出しなさい」と、アウグスティヌスはラウラの主題についてペトラルカに言った。「このような生とお前の仕事が如何に不釣り合いなものかを思い出しなさい。この女がきみの魂、きみの身体、きみの運命を如何に傷付けたかを考えなさい」、と。(8)

学識とよさにまつわるすべての問題は、一二五年後に再び、愉快な仕方で再燃した。一三六六年、四人のヴェネツィア貴族が、立派な夕食の後に討論に興じて、ペトラルカは確かに善良な人間だが、お粗末な学者である、つまり「無学だが善良である」という趣旨の判決を下すことで一致した。このことはペトラルカの急所を突いた。それから一年後、ペトラルカは練り上げた返答を『自己自身および他の多くの人の無知について』と題して反駁論の古典的形式を使って公刊した。彼の弁明の大筋は――さしあたり数々の皮肉を無視して――自分は多くのことを知らないかもしれないが、他の人々も知らないということ、そして少なくとも敵対する人々が言う以上に自分は熱心なキリスト教徒であるということ、であった。同時に、彼はその小論に古典からの引用をちりばめ、巧妙に自分の博識を示した。さらに、もしヒエロニムスと同様に、キケロ主義であると非難されたならば、彼がするであろう返答を記した。すなわち「わたしの不朽の財宝、わたしの心の最良の部分、それはキリストにあります。しかし、この死すべき生のさまざまな弱さや重荷に耐えるのはむろんのこと、それらを数えあげるのもむずかしいのですが、それらのためにわたしは、じつのところ、この魂の低劣な諸部分（怒りや情欲の住みついている部分）を高くひきあげて地上への執着をやめさせたいのに、それができません。」「キケロはけっしてわたしに害をなさなかったばかりか、しばしば益をなしたのです」と、彼は主張する。

アウグスティヌスとヒエロニムスは共に、同じような経験をしていた。「思うに、キケロ自身も、もしキリストに会うなりキリストの教えを知るなりすることができていたなら、きっとキリスト教徒になっていたでしょう。」そしてプラトンもアウグスティヌスが考えたようにキリスト教徒になっていたでしょう、と付け加えている。(9) しかし、ここには、学問と文学への召命についての弁明が全くない。それどころか、単なる皮肉以上のものと思われる反主知主義への深い考察がある。「善良で敬虔なる意志を必死に求めることは、有能で明晰な知性を求めることよりも安全です……。善を欲することは真理を認識することよりも一層望ましいのです……。現世において神を完全に認識することは不可能であるのに、信心深く熱烈に神を愛することは可能であるからです……。(10)」「私は節制しながら賢くなれるのであれば、それで十分です。つまり、こうしたことは、男女にかかわらず多数の無学の聖人がはっきりと示しているように、学識がそれほどなくても、あるいは全くなくても、達成できることなのです。(11)」しかしペトラルカは、古典古代を扱った研究書『著名人伝』に取り組んで数年を過ごし、「無学の聖人たち」には全くと言っていいほど興味を示さなかった。

ペトラルカを笑うのは、いともたやすいことだ。今日のわれわれなら、人格の均衡が取れていないと言って、彼を精神科医のもとへ送るだろう。しかし、ペトラルカの感情の緊張は、キリスト教史の新しい時代の到来を告げていた。古典主義とキリスト教の間の特別な調和——哲学においてアクィナスが、詩においてダンテが、芸術においてゴシック様式の教会が表現していた――は、永遠には続かなかった。というのも、それは古典とキリスト教双方の、過去の不明瞭で不正確な知見を土台としていたからである。学問分野としての歴史学、考古学、文献学の出現は、アテネとエルサレムの相違を際立たせ、ギリシアの理性とキリスト教の信仰の、いわゆる中世的統合の不安定な歴史的基盤を明らかにした。文献学的、歴史学的解釈が広まるにつれ、古典とキリスト教の観点との隔たりは、アクィナスやダンテが疑っていた以上に大きいことが明らかになった。ペトラルカは、新しい学問の傾向を脚色して劇化し、普及させた。ペトラルカは、こうした学問分野の進展を他者に託したが、それが真剣に取り扱われた場合に生じてしまう精神的な緊張を鮮やかに示したのである。ペトラルカが、自身の研究活動とキリスト教の信仰を系統的に関連させることは、たとえ彼がそれを試みたとしても、できなかっただろう。彼は、キリスト教徒としても学者としても決して召命の意義を獲得することはできなかった。彼の失敗は、次の二世紀に世俗主義が台頭し、宗教的な対立が深まる中で生じるであろう困難を予告している。

ロレンツォ・ヴァッラ

学芸復興にともない、新たな学問的傾向にそなわった破壊的な潜在力は、それが良いものであれ悪いものであれ、ペトラルカの一世紀後、ロレンツォ・ヴァッラ（一四〇五―一四五七）の活躍において明白となった。[12] ヴァッラは、論理学に対する文学と修辞学の勝利、哲学に対する歴史学の勝利を、同時代の誰よりもよく立証した。おそらく彼は、いかなるイタリア人ヒューマニストよりも鋭敏で批判的な知性を有していた。ヒエロニムス同様、ヴァッラは、第一に文献学者であり、これもヒエロニムス同様に、文学の激しい議論に加わるのが常だった。アベラール同様、彼は、同時代人に向かって、未だ考察されていない信条や仮説について思考させ、質問させ、熟考させることに何よりも関心を示したようだ。

当時、彼の著作『ラテン語の優雅さ』（一四四四年公刊）は、言語研究において最も優れた批判的手法の規範となり、特にエラスムスのような後世のヒューマニストには、素晴らしいラテン語の形式と確固たる方法論の基礎を提供した。ヒエロニムスとは異なり、ヴァッラの倦むことのない知性は、文献学における精巧な方法論を教義や制度の批判に適用した。二六歳のときに彼は『快楽について』という対話を執筆したが、そこで彼は、ペトラルカが示したストア主義とキリスト教倫理の無邪気な調和を攻撃し、よい行ないが意識的な道徳上の目標であることの妥当性に疑問を投げかけ、ストア主義よりもエピクロス主義に従った人生の方が、キリスト教徒のために用意されている永遠の幸福に近づけると、皮肉交じりに示唆した。まもなく彼は、批判的精神をスコラ学と修道制に適用した。彼によると、スコラ学者は、アリストテレスについて全く理解せず、不明瞭でひどいラテン語を書いた。彼らは、結局のところ何の実りも期待できない論理学よりも、修辞学にもっと注意を払うべきであった。彼によると、修道士は不正にも「宗教」の名のもとに、すべてのキリスト教徒に要求される世俗的な務めをごまかそうとしていた。彼は、一般信徒（平信徒）と聖職者に等しく開かれた唯一の完全な道徳だけがあると主張した。修道士は一宗教であるよりはむしろ一宗派、一つの集団を代表するにすぎなかった。ヴァッラの最も有名な業績は、教皇の世俗的権力に対する強力な基盤とされてきた『コンスタンティヌス（大帝）の寄進状』が全くの偽書であると、歴史学と文献学を用いて立証したことだった。彼の方法論の特徴は、文書の作成者がうかつにも言及した「サトラップ（地方総督）」に関する彼の見解からうかがえる。「サトラップは、その言い分と何の関係があるのか」と、憤慨した歴史学者、文献学者は問い詰めた。「愚か者、ばか者め。カエサルたちはこんな風に話すのか？　ローマの法令はこんな風に作成されるのが普通なのか？　一体誰が、ローマ人の評議会諸々で「サトラップ」について耳にしただろうか？」[13]

新しい原典研究が『コンスタンティヌス（大帝）の寄進状』に適用可能であったならば、他のキリスト教の伝統的な文書にも同様に用いられないことがあろうか？　ヴァッラの独自性は、写本の照合、言語の分析、歴史的文脈の検討が、人をいっそうキケロやアリストテレスの考えに近づけるものであるとすれば、同じ技法が教父や聖パウロ、あるいはおそらくモーセの考えにも近づけるだろう、と洞察したことにある。基本的な教義は問われないとしても、いかなる文書といえども文献学的な分析を免れえないほど神聖ではない。ヴァッラは、エデッサのアブガル王からイエスに宛てられた書簡の信憑性が疑わしいことを示した。彼は、中世の学徒が信じてきたディオニュシオス・アレオパギテスに帰される神秘的な著作が、聖パウロの同時代人によって書かれたはずはないことを明らかにした。彼は、使徒信条が使徒自身によるものではなく、ニカイア公会議の成果であると論じた。しかし最も重要なのは、彼が、三冊のラテン語と三冊のギリシア語の新約聖書の写本を入手して、ラテン語訳聖書のウルガータが多くの文法的誤りや誤訳にあふれていると証明したことである。パウロは非常に流暢にギリシア語で書いたが、彼の意図が訳者によってしばしば曲解されたり、不明瞭にされたりしたのは嘆かわしいことだ、と指摘した。彼には、ウルガータ版の新約聖書がヒエロニムスの手によるものであるということが信じられなかった。ヒエロニムスはあまりにも優秀な学者であり、名文家だったからである。著作群のそこら中にちりばめられた新約聖書の数節は、ウルガータにおいてよりも上手に訳された。ヒエロニムスはそれと全く関わっていなかったか、あるいは写字生が彼の仕事を台無しにしてしまったかのどちらかであった。

われわれには、ヴァッラが一四四四年頃に書き終え、そのおよそ八年後に改訂した『新約聖書注解』[14]を公にしたとする証拠がない。どこから見ても、その『注解』は「学識そのもの」と呼ばれてよかろう。著者はもっぱら、教義ではなく言葉に、内容ではなく表現に関心を持っていた。彼の手順は、まずラテン語から一節を取り出し、ギリシア語のそれと比較し、誤りや曖昧な箇所を指摘し、より良い訳を提案することであった。例えば、「ローマの信徒への手紙」（一・一七）は、パウロ書簡に関するルターの新しい理解の出発点となった箇所であるが、ヴァッラは簡潔に「ただ信仰によって生きる」とある「生きる」は、「生きるだろう」と読むべきだ、と述べている[15]。校訂が神学的な示唆を与える箇所でさえも、ヴァッラは言語学に執着するが、それは「ローマの信徒への手紙」（七・二四、二五）の注解にも示されている。「わたしはなんと惨めな人間なのだろうか。死に定められたこの体から、だれがわたしを救ってくれるだろうか。わたしたちの主イエス・キリストを介して神に感謝する。それは「神の」恵みではなく「神への」恵みであり、すなわち、「神へ感謝する」ということである……。わたしは「イエス・キリストを介して私たちを救う神に感謝します」と解釈するべきであると考える。[16]」また「ローマの信徒への手紙」（一〇・五）について、これは典型的な復元であるが、同じ混乱したラテン語文でパウロが述べたことから、モーセの言葉を復元した。[17]『注解』の読者に対しては、鋭敏ではあるが、全く神学的ではない考えが働きかけてくる。しかしながらヴァッラは、神学者に対する的確なメッセージを与えた。すなわち、彼らは文法学や修辞学の勉強から逃れられない、というのである。「神学が文法の規則に従っていることを否定する者もいるが、私は、神学者は、書き言葉であれ話し言葉であれ、言語の規則に従うべきであると提案する。実際、あなたが使用する言語を混乱させようとし、あなたと会話する相手に対して自分の意見を分かりにくく伝えることほど、馬鹿げたことはない。[18]」

『注解』からは、ヴァッラの動機に対する疑問が必然的に生じてくる。これはすべてキリスト教の信条に対する鋭敏な攻撃だったのか、それともキリスト教信仰を清め、浄化する試みだったのか。ヴァッラは、懐疑論者だったのか、それとも信徒だったのか。この疑問に対する単純で容易な答えなどない。ヴァッラの著作は、彼の精神が自由で「近代的」であり、迷信的な慣習のみならずキリスト教の真理に対しても懐疑的であると仮定した場合にのみ意味を持つ。ごく最近、ヴァッラの著作をもっとよく知る人たちが、彼の忠誠心は明らかにキリスト教的であったことに意見の一致を見るに至った。この観点からすれば、教皇権やスコラ学、修道制、そしてラテン語訳聖書——ウルガータ——に対する攻撃はすべて、単純化され、純粋化され、そしていっそう倫理的なキリスト教に対する関心からなされたことになる。彼は、当時の新異教主義や科学的懐疑主義には無関心だった。ちょうど二〇世紀の人が、民主主義を生まれながらの権利として受け容れながら、その悪用を厳しく批判するように、ヴァッラもまたキリスト教を受け容れたが、ある著述家が論理学に対する「文献学の十字軍」と呼んだもの、聖書や教父のために当時のアヴェロエス主義やオッカム主義に向けられた十字軍によって、それを責め苛もうとした。別の注釈者たちは、正確な記録のための彼のあらゆる努力の中に道徳的情熱を、そして『コンスタンティヌス（大帝）の寄進状』に対する攻撃の中に宗教的熱意を見てとる。[19]

しかし、疑問が残る。ヴァッラの終生の野心は——結局それを達成した——、教皇の秘書官になることだった。彼の著作は、もしかしたら彼の学識や雄弁を見せびらかしたいという願いから書かれたのかもしれない。彼の気質の特徴は、大胆で知的な正直さであり、道徳への熱意や宗教的敬虔さはさほどでもなかった。ヒエロニムスやペトラルカとは異なり、ヴァッラが学問的な趣向とキリスト教信仰との間に何らかの緊張を感じていたという明らかな痕跡はない。彼は『ラテン語の優雅さ』第四巻の序で、ヒエロニムスの夢を引き合いに出して、キリスト教徒は決して世俗の作品を読むべきではないと主張する人々に対して激しい攻撃を開始したが、それは彼がヒエロニムスの心理的な葛藤を本当に理解していたことを示すものではない。明らかに、彼が経験した葛藤は、すべて外的なものだった。彼は、意義のある戦いを好んだようだ。かつて自分にかけられた異端嫌疑を晴らすために、ローマでドミニコ会士の一団に向かって説教を行なった。説教は、ドミニコ会の偉大な神学者、聖トマスを賞賛するものと思われたが、説教者は、トマスや彼の論理学よりもパウロや初期の教父の方が気に入っていることをはっきりと示した。「これは私にとっては、扱いにくい、危険な箇所だ」と彼は言った。「この点について、私はどうすればよいのだろうか？自分が信じていることを改めるべきなのか、取り消すべきなのか、隠すべきなのか？　けれども、私の口から発せられる言葉は、心と一致しないだろう。[20]」彼は真の批判的精神を有していた、と彼の伝記作者は書いている。「文献を比較し、判断し、分析し、校訂し、世に明らかにする方法は、社会をより良くするのにこの上なく効果的な力となった。[21]」しかし、このうちのどれほどがキリスト教的な動機づけと言えるのか、われわれには決して分からないし、調べても仕方がない。個人の考えや社会全体が、どの程度いわゆる「世俗化」の状態にあったのかを正確に判断することは、この時代を研究する歴史家が直面する最も難しい問題である。ヴァッラは、アベラールやペトラルカがそうするよう求められたと感じたようには、彼のキリスト教的動機に抗わず、キリスト教への侮蔑をも公言しなかった。彼の業績は、中世終結期における批判研究の動機づけにおける、世俗的なものと宗教的なものとの境界線が曖昧で変わりやすいことを良く示している。学者としてのヴァッラの業績は、エラスムス、ルター、そしてカルヴァンにとって不可欠なものであり、彼らは皆ヴァッラのことを賞賛した。彼は歴史的、文献学的な批判研究が成し遂げ得るものを示した。しかしわれわれは、彼の仕事を鼓吹した世俗的な動機や真理に対する私心のない愛、キリスト教的な目的との結合を推測することは決して叶わないであろう。

ジョヴァンニ・ピーコ・デッラ・ミランドラ

理想的な学者というものがあるとすれば、批判する能力と、許容し受け容れる能力を兼ねそなえているような人物であろう。これら二つの能力は、一人の同じ人間がそう滅多に持ち合わせているものではない。ヴァッラは、批判的な鋭敏さは十分持ち合わせていたが、（例えば、スコラ学を）許容し受け容れる能力には乏しかった。次の世代の最も注目すべき学者である、ジョヴァンニ・ピーコ・デッラ・ミランドラ（一四六三―一四九四）[22]は、許容し受け容れる能力に長けていたが、批判的な鋭敏さは十分ではなかった。ヴァッラは、哲学に対する忍耐力をほとんど持ち合わせない文献学者であったが、ピーコは、文献学にあまり関心を示さない哲学者であった。ヴァッラが批判による利点と批判に潜む危険性を例証していたとすれば、ピーコは学問の基盤としての見境のない受容の強みと弱みを同時に示していた。

ピーコの人物像は、どうしても現実ばなれしたものになってしまう。どういうわけか、その試みは、ある時は、とある場所に現れ、そして次の日には千マイルも離れた、別の場所に現れる同じ魔女の話に関するモンテーニュの言葉を思い起こさせる。「実を言うと、私はこうしたケースでは自分の目を信じる気にはならないだろう。」[23]確かにピーコはすべてを持っていた。明晰な頭脳、美麗な容姿、高貴な出自、富、野心、そして法外な活力などである。とりわけ、彼の学問への渇望は飽くことを知らなかったが、彼はそれをボローニャ、パドヴァ、フィレンツェ、ローマ、そしてパリで満たそうとした。一四八六年に、二四歳の若さで――「誇りに満ちて、栄光を求めて」と甥の伝記作者がわれわれに伝えている――、彼はローマに赴き、東西のあらゆる時代と地域の知識から引用された九〇〇の論題、あるいは命題を発表した。学界を驚かせたことに、彼はすべての来場者の前でこれらの論題を擁護することを企画し、遠方から来ようともすべての討論者に旅費の負担を申し出た。教皇は動じず、この若者は、いつか誰かが自分を火刑に処すことを願っているのだ」と述べた。教皇の調査委員会は、一三の論題――キリストは実際に本当に地獄に下ったのではなく、ただそのような「効果として」（*quoad effectum*）のみであったという論題、あるいは、いかなる人の信仰も、単に彼自身の意志のみの所産ではないという論題などを譴責した。ピーコは急いで『弁明』を書いたが、これによって彼はいっそう窮地に追い込まれた。彼はパリへ逃げたものの、そこでしばらく投獄され、その後フィレンツェへと逃れ、ロレンツォ・デ・メディチの保護の下、残されたわずかな時間を過ごした。こうした教会の権威との衝突は、彼をひどく動揺させた。これについて後年、彼は甥に次のように伝えた。彼が異端であると誤って非難されたのは、神意によるものだった。これによって彼は、それまで熱中してきた「女性を快楽の道具にすること」をやめ、悪い習慣を改めることにしたのである。この「回心」がどういった類のものだったのかを正確に述べることは難しい。彼は、先祖伝来の土地を売却し、若者らしい愛の詩を燃やし、当時執筆していた「いくつかの著作」を書き終えた後、キリストについて説くために裸足で出立すると話した。

彼は次第にサヴォナローラの影響下に入った。サヴォナローラは、ピーコの死後に行なった説教の中で、彼はドミニコ会士になる決意をしていたと主張した。しかし、ピーコは俗人にとどまり、純粋に宗教的な問題にいっそう集中したが、アウグスティヌスとは異なり、この人生の転換は、彼の全体的な学問観には影響を与えなかったようである。一四九四年、ピーコは高熱の病に倒れて三日後、三一歳の若さで生涯を閉じた。

ピーコの学者としての専門的な能力は、並外れていた。彼はラテン語、ギリシア語、ヘブライ語、アラビア語を解した。ペトラルカやヴァッラと異なり、スコラ学は形式や技術において全く洗練されていないが、真理を獲得する方法の基盤であるという理由で、それに多大な敬意を払っていた。彼の甥によれば、ピーコは恐るべき記憶力を持ち、山積みの本を驚くべき速さで読むことができたという。トマス・モア（ピーコの生涯に深い感銘を受けた）が明快な翻訳を行なっているが、この甥は「かくも短期間に彼をこれほどの熟練に導いた五つの要因がある。すなわち、第一に素晴らしい機知、第二に驚異的に優れた記憶力、第三に豊かな財産（そのおかげで彼は書籍を入手することができた）、〔第四に〕旺盛で疲れを知らない研究心、〔そして第五に〕すべての世俗的なものに対する侮蔑〔と〕軽蔑である」[24]と、簡潔に評している。

この並外れた能力と活力は、ピーコの早すぎる死の前には、余り注目されなかった。九〇〇の論題とその序論に記したあの有名な『演説』において、彼は、知ることができるものすべてに対して分け隔てなく、ガルガンチュアのように旺盛な好奇心を示した。彼の『ヘプタプルス』（一四八九）の主題は、「創世記」の最初の二六節であるが、議論は同時代のすべての学問分野に及んだ。『存在者と一者について』（一四九一）の課題はまさに、プラトンとアリストテレスの調和であったが、真の主題は真理の本質であった。晩年、彼は甥に次のように伝えている。唯一聖書だけが彼を満足させるので、長きにわたって取り組んできた多くの主要作品を公刊する務めは感じるが、聖書研究のみに専念する、と。彼は、新約聖書の注解と入念なキリスト教擁護論を構想したが、それはついに完成しなかった。

ヴァッラの場合と異なり、晩年のピーコのキリストへの個人的献身には何の疑いもない。しかし、学者や思想家としての彼の意義に関しては、多くの疑問がある。実際、アクィナス（彼は聖トマスの熱烈な信奉者だった）が彼の時代に行なったことを、ピーコは自分の時代の人々に対して行なおうとした。しかし、総合しなければならない知的要素がより多く存在し、時代の風潮はそうした努力に好意的でなかったため、その作業はかつてよりずっと困難だった。実際のところ、思想家としてのピーコはその作業に適していなかった。ヴァッラをはじめとする人々がすでに発展させてきた歴史学と文献学の批判的な手法を無視して、彼はアレキサンドリアの学者が幾世紀も前に発展させた寓意的で神秘的な文献の解釈へ立ち返った。こうして初めて、彼は、コーラン、カバラ、プラトン、アリストテレス、聖書といった本質的に異なる書物の中に含まれた普遍的な真理の金塊を抽出し、文書の読み方さえ心得ていれば、ゾロアスター、モーセ、ピタゴラス、キリストは皆、本質的には同じことを言っていることを満足して示すことができた。例えば、彼は「創世記」の最初の二語「はじめ／に」(*In principio*)を取り上げ、ヘブライ語を構成する同義の文字の順序を並べ替えることによって、創造や人類の歴史といったすべての意味をはらんだ神秘的な文章を作り出した。「父は子において、そして子を通して、初めから終わりまでのうちに、あるいは平穏のうちに、生命を、火を、そして偉大なる人間の基礎を、良い契約によって創造した[25]」(*Pater in Filio et per Filium, principium et finem, sive quietem, creavit caput, ignem, et fundamentum magni hominis foedere bono.*)。これこそが、モーセが「はじめに……」と言ったときに、「本当に」言わんとした意味だった。ひとりの注解者が、ピーコにはユーモアのセンスが全くないと言う時、彼の意味することは明らかである。同じ注解者は、ピーコの思想が「この上なく巧妙な手品をもってしても表面的にさえ一致させることのできない、矛盾する考えの最大限の寄せ集めである」と結論づけている[26]。

しかしながら、この「手品」は最近になって仕上げられた。しかも偉大なルネサンス研究者エルンスト・カッシーラーによって全く説得的に仕上げられたのである。[27]　彼は、ピーコの思想全体に通ずる、様々な見解の「隠れたつながり」（ピーコの言葉によれば、occulta concatenatio）を見てとった。これは、自由の観念と多様性の観念をつなぐものである。『演説』の有名な序文において、ピーコは、人間は他のどの被造物とも異なり、神性へと上昇したり獣性へと下降したりして、自分が望むものになることができる無限の自由の中にあるとして、人間に固有の尊厳について述べている。続けて彼は、わずか二四歳の若さであったにもかかわらず、九〇〇の論題を出版するという大胆な行動についてユーモアに欠けた弁明を行ない、思想の自由に関して非常に興味深い議論を展開させる。「ちょうど体育訓練によって身体の諸力がより堅固になるように、このいわば文学の闘技場において、疑いもなく、精神の諸力は、はるかに強力で強壮なものとなる。」彼は、破壊するための斧は持っていないと主張する。彼は、金銭を得ることに汲々としておらず（彼は、そうする必要がないということを付け加え忘れている）、そしていかなる哲学的学派にも属していない。「誰の学説にも心を捧げていないので、私はあらゆる哲学の師を渡り歩き、すべての著作を読み、すべての学派について分かるようになった……。ストア派やアカデメイア派という一つの学派の中に閉じこもってしまうことは、確かに狭い精神の特徴の一つなのである。また、初めに何ものとも馴染むことのできなかった者が、その中から自分に合う何かを正しく選ぶことなどできるはずもない。さらに、それぞれの学派には、他の派には共有されていない独自性があるということを考えてみたまえ。」そして、二〇人あまりのギリシア人、アラブ人、キリスト教徒の思想家の特徴を示す注目すべき一節が続く。「もしラテン語の哲学だけを研究し……、ギリシア人とアラブ人の哲学者たちをなおざりにしてしまったら、何を得られるというか。すべての知恵は東方からギリシアに至り、ギリシアからわれわれに至ったのだ」と結んでいる(28)。ピーコは、モンテーニュが一世紀後に世俗的な形式で明らかにしたのと同様な、宇宙にある無限の多様な生物、思想、物事に対する感覚を持っていた。別の言い方をすれば、彼は、同時代人から文化的な偏狭性を取り除こうと努めたという点で、一五世紀の歴史家トインビーであった。ピーコにとって理念とは、人間と同様に、古代エジプトに由来しようとも、同時代のイタリアに由来しようとも、それぞれ尊厳と価値を有していた。信仰の問題について強制することは道徳的に誤っており、実際、無用なことでもある。真理は議論、討論、対立の中から生まれる。ピーコは、精神の自由を過去の数世紀の思想家の誰よりも真剣に考え、理念の世界に見出した無限の豊かさと多様性を享受した。「彼は何よりも自由を愛した。彼の生来の傾向と哲学研究の両方が、彼を自由に向かわせたのだ(29)」と、彼の甥は書いた。

この、焦点を定めぬ広い視野で行なわれた研究が、学芸復興の重要な成果だった。ジョルダーノ・ブルーノの宇宙と同様、その中心はいたるところにあり、その円周はどこにもない。(30) われわれはその力強さを示唆してきたのであり、その弱さについて詳述する必要はない。かつてピーコはカバラの写本のために桁外れの金額をシチリアのユダヤ人に支払った。彼は写本に没頭し、「それらの中に（神が私の証人であるように）、モーセの律法よりもむしろキリストの宗教を見た」のだった。三位一体、受肉、贖罪、煉獄、そして地獄などに「同一の事をわれわれはパウロやディオニュシオス、ヒエロニムスやアウグスティヌスの中に日頃から読み取っている。(31)」ピーコは偉大で寛容な精神を持っていたが、ユーモアと識別力も必要だった。彼は、自らのシンクレティズムのなかで、独自性、特殊性、特異性をほぼ忘れかけた。

一つ明らかなことがある。ピーコは、ペトラルカやヴァッラ同様キリスト教的学識者としての召命の意味を、明瞭な形で獲得することができなかった。ペトラルカは、自身の人格を二分するキケロ主義とキリスト教との最終的な調和を見つけ出すことはなかった。ヴァッラは、彼の文献学的十字軍のキリスト教的ルーツを（仮にあったとしても）明確にしなかった。神のひとり子であるキリストへのピーコの個人的信心は、自らの広く見境のないシンクレティズムのなかに充分な場所を決して見出すことがなかった。三人ともみな自分たちは学者にしてキリスト教徒であると考えていたが、私が気づいた限りでは、三人のうち、誰一人として、個人的敬虔と学究的努力との間の系統的関連性をなんら意識していなかった。

ジョン・コレット

ジョン・コレット（一四六七―一五一九）の重要性は次の点にあるように思われる。[32] コレットは、文献学的、歴史学的関心や新しい学問への姿勢から大いに学び、またそれらを完全にキリスト教的な目的に適合させることに成功した最初の人物だった。彼の中では、個人的な敬虔と職業上の目的とが互いに完全に呼応していたため、友人が彼について書いたときには常に、この人は学者かと思えばキリスト教徒であり、キリスト教徒であるかと思えば学者でもあった。「ロンドンにジョン・コレットという人がいる。その人は聖パウロ司教座教会首席司祭で、偉大な学識と驚くほど敬虔な心とを併せ持った人である」と、エラスムスは友人に宛てて書いた。後に彼は、「あれほどまでに知的な才能に恵まれた人を今までに見たことがない」と述べ、すぐその後に「コレットは彼に不朽の名声をもたらすこととなるものにその知性を傾けていた」と付け加えた。エラスムスが伝えるところによれば、食事中にコレットが交わす会話の内容はすべて、「文学の話かキリストの話のどちらか」で、「外を歩くときも常に本を携帯し、絶えずキリストについて語っていた」という。コレットの死後、トマス・モアは「彼以上に学識があり信心深い人は、これまでの長い年月においても、われわれの中には存在しなかった」と述べた(33)。

歴史家がコレットに関して最も衝撃を受けたのは、他の同時代人ならば引き裂かれてしまうような、あるいは彼らを偽善者にしてしまうような目的と動機との相克間でも並外れた平衡感覚と調和を持ち合わせていたことである。彼が書いた祈祷用の小冊子では、読者に向けて、「理性と恩寵によって」あなた方の人生を定めなさいという訓戒が繰り返されている。そして、最後の言葉は次のようなものだった。「この世のものを上手に用いなさい。永遠なるものを求めなさい。終わり(34)。」彼の精神における現世と来世との均衡は、彼の心に確信を与えていたので、彼をよく知る人々は彼に判断や励ましを仰いだ。ラプトンの指摘によると、彼には人々を惹きつけ結びつける力、あるいは彼自身を通して人々をより高みへと引き上げる力があった(35)。彼はこうした感情的な安定を簡単に手にしたわけではなかった。「それは、彼の本来の敬虔な精神のごく一部にすぎなかった」と、エラスムスは考えた。生来、彼は短気で、貪欲で、快楽に溺れる傾向にあった。彼は生涯を通じてこれら三つの弱点を「哲学、聖書研究、監視、断食、そして祈りによって」、克服しなければならなかった。すなわち、知性と意志の両方によって鍛錬したのである。時として彼の怒りは、義憤として爆発した。彼は、自分の貪欲さを自覚していたこともあって、裕福な商人であった父親から受け継いだ遺産を投じて、聖パウロ学校を設立した。彼は一度も結婚せず（一四九八年に司祭に叙任された）、彼の夕食は質素なことで知られていた。「けれども」とエラスムスは言った。「もし女性と話したり、贅沢な食事に招かれたりするならば、彼の中にある昔からの本性の痕跡が顔を出すだろう。」エラスムスは、聖人のような友人ヴィトリエについては、人間的な弱さを示すいかなる兆しについても書き残さなかったが、「コレットには、彼もやはり人間であったことを示すいくらかの痕跡があった」と述べて、コレットの生涯を伝える主たる史料で友情あふれる描写を残した(36)。

コレットは聖人ではなかった。彼は、背が高く、優雅で、力強く、情熱にあふれ、物腰の柔らかさと目的に対する実直さの両方を天賦のものとして持ち合わせていた。また、彼は、ロンドン市長を二度務め、経済的にも成功した大商人の父親を見習うのではなく、宗教研究に専念することを決めた。この決意について、もっとよく知った方が良いだろう。いつ決心したのか？ すぐにあるいはゆっくりと？ どのくらい困難なことだったのか？ 何を意味したのか？ われわれが知っているのは、彼が学問への関心から一〇代でオックスフォード大学に進学し、そこで学士号を取得したこと、そしてその後、エラスムスの言葉を借りるなら、「価値ある商品を探し求める商人のように」、おそらく一四九二年から一四九六年にかけて、「フランス、次いでイタリアを訪れた」ことである。ある時期、学問を愛好するイングランド人たちは、医学や法学だけでなく、ラテン語やギリシア語を学ぶために学芸復興（ルネサンス）の故郷を訪れた。トマス・リナカーとウィリアム・グロシンもそうした経歴の持ち主であるが、コレットの在学中には帰国し、オックスフォード大学で教えていた。コレットのイタリア滞在についてはほとんど何も分からない。エラスムスによると、「そこに滞在している間、コレットはキリスト教の著作家たちの研究にすっかり専念していた。」このことは、彼の目的が出発前からすでに定まっていたことを示唆している。彼はすでに初期の教父や主なスコラ学者のことを知っており、イングランドの詩人の研究を通して、英語を自在に操る能力にも熟達していた。「この時期にはすでに、福音書を説教するための準備をしていた」と、エラスムスは言う。われわれは、彼の後に続くエラスムスと同様、彼がイタリアで建築や絵画ではなく道徳的な退廃に衝撃を受けたであろうと推測する。彼はサヴォナローラやピーコの仲間の学者マルシリオ・フィチーノに会ったかもしれない。また、一四九四年に亡くなる前のピーコにさえ会ったかもしれないが、われわれには分からない(37)。

かなり確信を持てる唯一のことは、彼が自国の学識者たちに対して言わなければならないことがあるという思いをもって帰国したことである。両親と共に短期間ロンドンを訪問した後、オックスフォードに戻った。そこで一四九六年の秋、パウロ書簡に関する一連の公開授業を行なうと宣言した。彼は三〇歳になったばかりで、まだ神学の学位も有していなかったが、すべての学ある人々は、博士も学生も、彼の講義を聴くために集まった。

「コリントの信徒への手紙Ⅰ」と「ローマの信徒への手紙」に関するこれらの講義は、キリスト教学の歴史における一つの画期的な出来事だった。[38] 忍耐強い現代の学者が行なったように、聖書に関する中世の注解書の頁を次々に捲った事のない人は、彼の講義の新しさや独創性を完全には理解できない。[39] 確かに中世の注解には、鋭い読みとかなり多様な方法があった。キリスト教の注解者に与えたユダヤ人学者の影響によって、字義的意味あるいは歴史的意味は見失われておらず、また文法的分析も続けられていた。アクィナスは、字義的意味は常にすべての語義解釈の基礎でなければならないと主張した。しかし、中世初期の学者は、聖書の寓意的な（あるいは神秘的な）意味に魅了された。そしてさらに重要なことに、スコラ学が発展するにつれ、聖書はますます論理学者のひき臼で挽かれるための穀物にすぎないものと見なされるようになったのは、すでに述べた通りである。旧約と新約聖書は断片化され、「文章の保存庫」、すなわち、「論理的な関連性が引き出され、筋の通った教義に調和させられるべき」命題の集成として扱われた[40]。聖書解釈の神学への従属――隷属の方が適当な語かもしれない――は、アベラールによって始められ、アクィナスによって完成された。その結果、中世後期の教育と執筆において、聖書は何層にも重なった神学的注解の下深く沈められてしまった。新約聖書の執筆者が、言葉、言い回し、比喩を用いて実際に伝えようとした意図は、論理学的、教義的な記述が膨れ上がっていく中で、ほとんどすべて見失われてしまった。他方、福音書や使徒書簡全体の思想や方法の関連性は、這い回る虫のように一行一行ゆっくりと進められる分析のせいで、かえって不明瞭になった。

若きコレットが立ち上がり、パウロについて語り始めたとき、それは多くの群衆にとって何とも刺激的で――またおそらく衝撃的で――あったに違いない。書簡の著者は、その送り先であるコリントのキリスト教徒について、ローマの道徳的、政治的状況について、初期キリスト教徒のこれら二つの集団に対してパウロが言おうとしていたこと、特に道徳的な助言について、彼の機転、確信、キリスト像について記した。あらゆる研究において最も困難な作業とは、小片で繋がりのないことから、全体を把握することである。コレットは、二つの講義の最初に、パウロが書簡全体で言わねばならなかったことの総体に関心を持っていると明示した。「パウロが言ったことはすべて、その意味について何らかの見解を出す前に、慎重に検討されなければばならない。[41]」コレットは、「ローマの信徒への手紙」に関する講義の最後に、次のように述べている。「私たちは、神の恩寵の助けを借りながら、パウロの真の意図をできる限り明らかにするように努めねばならない。私たちがどれほどのことを達成できたのか、それを知ることは難しい。しかし、私たちはそのために最善を尽くさねばならない。[42]」

コレットの関心は、教義や神学に関するものというより、個人や道徳、宗教に関するものだった。アベラールは、「ローマの信徒への手紙」（五・一二）（「このようなわけで、一人の人によって罪が世に入り、罪によって死が入りこんだように、死はすべての人に及んだ。すべての人が罪を犯したからである。」）を取り上げ、原罪の教義について議論するきっかけとして、独特の仕方で使用した。コレットはその一節をパウロの精神に近づくための窓口として用いて、次のように結論づけた。「確かに罪は激しく、抵抗しがたい。しかし、何ものも優しく喜ばしい神の恩寵の偉大なる力に抵抗することはできない。それは、ある神秘的で奇跡的な力をともなって、穏やかに、そして劇的に作用する。[43]」そして彼は、次の三つについて何度も考察した。すなわち、パウロ自身（キケロに対するペトラルカのように、明らかにコレットは彼に心酔していた）、コリントやローマの人々、そして、彼が言わねばならなかったことの道徳的、宗教的意味である。パウロ書簡は、弁証法的命題の寄せ集めから、同時代的な教訓をそなえた歴史的書簡となった。

コレットにとって、聖書は二重の意味を持っていた。すなわち、歴史的な意味（パウロがコリントの人々に対して言ったこと）と、同時代的な意味（パウロがコレットの世代の人々に対して言うこと）である。コレットのイタリア旅行と、一五世紀の教会よりもはるかに簡略に組織された教会のイメージを与えてくれる、ディオニュシオスの著作研究は、初期の経験と結びついて、コレットを道徳の改革者に、ほとんど「ピューリタン」にしてしまった。オックスフォードの講義では、パウロとコレットは一緒になって、一五世紀の諸悪について多くを述べた。すなわち、聖職売買、教会の内紛、聖職者の貪欲、そして戦争などである。ここに、聖パウロ司教座教会首席司祭としてコレットが後に行なった、聖職者の堕落を非難し、キリスト教的な平和主義を主張した、有名な説教の根があった。トマス・モアの『ユートピア』においてあまりにも明らかな、社会的悪の構造的な特徴に関する確りした把握のおおかたは、友人であるコレットにじかに負っている(44)。

その手法は、ヒエロニムスの、そしてヴァッラのものである。文法学と修辞学は論理学に勝利した。パウロの言葉は教義上の命題とどのように関連しているかではなく、パウロの言った内容となぜそのように言うことを選んだのか、というのが関心の中心であった。デュアメルによると、「言語学、歴史学、そして倫理学の知識を含めた、文章や文脈に関するコレットの考察は、彼が研究する文章の弁証法的な含意を読みとることではなく、その直接的な意味に対する、ルネサンスのヒューマニストの文法学者としての熱意の結晶である。(45)」しかし、その魂はしばしば、アウグスティヌス的でもあった。社会的な悪について考察するときも、コレットは罪が個人的なものであることを決して忘れなかった。パウロは数世紀を超えて、同時代の人々だけでなく、コレットその人に話しかけた。「ああ、恐ろしきことは、神の御前にあって罪深きことかな。ああ、素晴らしきことは、人間の困惑かな。今、この私、無力なる者は、自分の罪を自覚し、そのためにひそかに恥じ入りますが、突如叫び、私の声を最愛なる父なる神、あなたに私の声をお届けするのです。私の罪を私に負わせないでください、と呼びかけながら。(46)」

コレットの独創性を強調すべきではない。彼の聖書に関する解釈や講義には、冗長で退屈な箇所もある。ピーコの『ヘプタプルス』の順序に従って、ときには神秘的な解釈へと逸脱している。コレットはギリシア語を学ばなかったので(後に後悔していた)、彼のすべての解釈はウルガータに依拠していた。言語学的批判もあるにはあるが、その多くはぎこちなく、不十分なものであった。ラプトンは、コレットの講義における「奇妙な混交」について述べた。(47)それは「完全に独自の仕方で伝統的な形式を取り払い、雄弁に語りながら、ディオニュシオスの神秘主義、スコラ学の語法、文法学的な解釈、深遠で純粋な確信の発散である」、と。しかしこうした特徴は、われわれがすでに述べてきたことに影響を及ぼしはしない。コレットのオックスフォードでの講義は、キリスト教学の歴史において、何か新たな、また創造的なものを際立たせた。

コレットの召命に関する考えについて、そして、実際に彼が成し遂げたことについて可能な限り正確に述べてみたい。彼が、キリスト教文献の刺激的な新しい読み方や理解の方法を見つけ、自らの発言を理解する、できるだけ多くの人にその発見を伝えなければならないと確信して、イタリアでの研究から戻ったというのは、筋の通った推論のように思われる。彼はスコラ学者や彼らの方法論を公然と攻撃せず、単に彼らを無視した。彼は（ルターが二〇年後に行なったように）新しい神学的見解を表明したり、新しい聖書解釈の理論を提示したりはしなかった。彼は自分の考えを行動に移し、自分の理論を実践した。要するに、彼は自分の発言を理解するような友人や知人に対して、できる限り直接的に話したり、手紙を書いたりした。

コミュニケーションへの関心は、学芸復興の特徴的なものだった。事実、コミュニケーションの全問題に魅惑されたのは、学芸復興全体の顕著な特徴の一つであった。それは特に、一五世紀の多くの学者間の修辞学（レトリック）に対する新たな尊崇の念によって特に具現化されている。ヴァッラは文法学同様、修辞学にも関心を持った。彼には、すべての認識は伝達、コミュニケーションであるという感覚があった。[48] 認識の方法は、コミュニケーションの方法と一致していた。すなわち、真理の証の一つは、簡単に、明確に、そして説得的に表現されていることだった。「話す勇気を持たず、上手に話す方法を知らない者は何人といえども、真の雄弁家とは見なされない」[49] とヴァッラは書いた。彼の知識に対する実用的な態度に従って、どのようにして人々はお互いに意見を交わし合うのかという問題へと強い関心が向けられた――例えば、どのようにしてキケロは聴衆を味方につけたのか、どのようにしてパウロは書簡の相手を説得したのか。コレットは、このコミュニケーションへの関心を、パウロの研究と彼自身の使命感に同化させた。しかしわれわれは、印刷が実用化されたばかりの時期には、彼と同時代の学者たちは、文字で書かれたり印刷されたりした言葉だけが学問的コミュニケーション手段であるとは考えなかったことを思い起こさねばならない。一五世紀初頭に、イタリアで研究した最初のイングランド人たちは、コミュニケーションを望んだり、何かを行なう責務を感じたりしていた様子はない。実際、彼らは自分たちが持ち帰った写本と共にイングランドに引っ込み、研究を続けた。次の世代――グロシン、リナカー、ウィリアム・ラティマー――は、彼らが学んだギリシア語について講義し、教えたが、皆、同時代人の間で流行していた印刷出版を好ましく思っていなかった。[50] コレットも、出版に対するこうした嫌悪感を共有していたようだ。しかし、学者は、印刷された著作と全く同様に、実際には教育、会話、書簡のやりとりを通じてコミュニケーションを行なっていたのであり、これらがコレットの伝達手段だった。

彼は、最初の「コリントの信徒への手紙Ⅰ」の講義の後、「ローマの信徒への手紙」を取り上げ、当初の予定を変更して第一一章以降についても講義を行なった。なぜなら彼は、「私のパウロの解釈について、友人や忠実な聞き手たちから繰り返し尋ねられた(51)」からである。「私は書簡の先の部分に関して自分が記したものを、友情のため、彼らに伝えた。」彼の「ローマの信徒への手紙」の講義がどのように受け容れられたのか、彼は学者と教師としての自分の務めをどのように考えていたのかということについて、貴重な証拠を提供する一通の書簡（おそらく一四九七年のもの）がある。

私は昨夕、善良で学識があり、パウロ書簡〔に関する私の説明〕を聴講し、そして使徒に少しでも近づこうと切望する同僚の聖職者と共に過ごした。暖炉の近くでしばらく話した後、彼は胸の内ポケットから小さな本を取り出した。そこには、彼自身の手で慎重に書き写したパウロ書簡が収められていた。私はこれを見て微笑み、満足して福音書から言葉を引用した。「あなたの財宝があるところ、そこにあなたの心もまたあるだろう。」彼は「聖パウロが書いたもの以上に、私が愛し、讃美するものは何もない」と返答した。そして、彼は礼儀正しく少しお世辞気味に、私が以前行なった説明が、彼の使徒への愛を非常に高めたのだ、と付け加えた。私は彼を見て、次のように言った。「あなたがパウロを愛しているならば、兄弟よ、私はあなたを愛す。私もあなたと共に、パウロをとても愛し、敬服している。」それから私は、パウロの美点、知恵、神聖な性質について長々と話し続けた。そして、パウロ書簡のどの箇所においても、内容に関しても知識に関しても、驚くべき豊かさがあると付け加えた。そのために、人が注意してそれらを書き留め、熟考するとき、その人なりの選択をしたとしても、注目し賞賛すべき考えを、使徒のほぼすべての言葉から引き出すことになるだろう、と話した。彼はその言葉に興奮して、「それならば、私はあなたに懇願する」と叫んだ。「今、私のために何か引用してほしい。私たちが同席している間に……。」(52)

コレットは続けて、訪問者が彼の言葉を書き留めている間、「ローマの信徒への手紙」の第一章に彼が見出したことについて「即興で」(*extempore*) 語ることによって、どのようにして自分がその挑戦を受け容れたかを伝えている。彼は、追伸の部分で、書簡には「教義の問題」が含まれているので、それを返すように文通相手に頼んでいる。そして、彼の書簡は保管するに値しないと付け加えながら、「しかし、もしそれらが私の手元に残るならば、私の記憶をいくらか留めておくのに役立つだろう」と述べている。

ここに、ピーコのように九〇〇の論題を出版するのでもなく、多数の著作を世に出さなくてはならないといった重圧を感じてもいない学者がいる。その代わりに彼は、講義を行ない、手紙を書き、学生や友人と会話をした。オックスフォードでの第三回目の講義は、「ディオニュシオスの位階論」についてだった。第二回目の講義と「ローマの信徒への手紙」の最初の五章のより詳細な解説は、エドムンドという名の若き青年のための教訓として書かれた。「創世記」に関する彼の註解は、ラドルフスという名の友人に宛てた書簡の中に記された。彼の非常に興味深いいくつかの見解は、エラスムス宛の書簡の中で論じられた。オックスフォードで八年過ごした後（一四九六―一五〇四年）、彼は聖パウロ司教座教会首席司祭となり、学者と教師の生活から説教師と管理者の生活に移ったが、その後の彼は、われわれにはあまり興味深いものではない。彼の影響力は、エラスムスやモアのような友人、先述の学生たち、新約聖書の翻訳者でオックスフォードでの彼の講義を聴講していたことがほぼ確実なウィリアム・ティンダルといった人々の中に生き続けた。研究を伝達する永続的な手段である印刷本の中に生き続けることはなかった。おそらくそれは、彼が完璧主義者であったからである。彼はいつしか、ヒューマニストの基準からすると、書くのが下手であると自覚したようだ。エラスムスは、コレットは書くよりも話す方が上手だったと書き残している。(53)

コレットは、一般的な意味からすれば、ヒューマニストではなかった。彼が、ヒエロニムスやペトラルカのように、異教の文学作品に対して罪の自覚を持ちながら愛を抱いていたようには見えない。彼は、古代の詩人や哲学者の作品を読むことに何ら価値を認めていなかった。彼は、オックスフォードでの講義で、聖書を理解するためには古典の作品を読まなければならないという考えを強く非難した。真理は恩寵によって理解され、恩寵は祈りによってもたらされ、祈りは献身と克己によって神に届く。(54)人間の自然理性は、神の助けなしに自力で真理に到達する力を持たない。神学は理性によって獲得される「学問」などではなく――これはアクィナスの誤りであるとコレットは考えた――神の照明によって信仰に示された「知恵」である。(55)コレットは、人間の本性に関するパウロの急進的な悲観主義に傾倒し、自律的な知性の無力さに関するアウグスティヌス的な――実際にはほぼルター的な――考えを明らかにした。ディオニュシオスの著作に関するオックスフォードでの講義で、学問だけでは決して人間は救済されないという、新プラトン主義の教義を彼が吸収していたことを示した。「知識でなく、愛こそが永遠の生に至らしめる。……無学の愛は、冷めた知恵の千倍以上の力がある。」彼は、「見境のない学識」が、キリスト教徒の純真さと実直さを鈍らせると言って非難した。[56] おそらく彼はスコラ学者に言及していたのだろうが、彼がピーコを念頭に置いていたと見ることも不可能ではない。

しかし、コレットの限られた知的関心と、まるでピューリタンのようなキリスト教信仰（彼は、結婚は人間の弱さへの単なる妥協とするパウロの考えに従った）について洗いざらい述べるとしても、彼が、一途な精神と篤い信仰心を、短いながらも意義のある学者としての人生に注ぎ込むことができたという事実は残る。キリスト教の伝統それ自体の中では、彼の嗜好は狭くもなく独断的でもなかった。エラスムスによると、コレットは慎重に異教的な著作を読み、それらから、スコラ的な瑣末主義からよりも多くのものを得た、という。[57] 彼の学者としての理想像は、自分の著作の中ではそれを実現できなかったとしても、率直で実直なものだった。彼はかつてロイヒリンの『カバラ学』（*Cabalistica*）の写しを読み、エラスムスに次のように書き送った。自分はこれを論ずるには全く適しないが、これを読んだとき、自分には「驚異とは現実的以上に言葉上のものだ」と時折思われた。[58]「ローマの信徒への手紙」（一・一七）を解説するときに、彼の心に浮かんだことは極めて特徴的であった。彼は、旧約聖書から引用する際の使徒の引用方法が、いかに簡潔なものであったかについて述べることにしたのである（この場合、パウロは、ハバクク書の「しかし、神に従う人は信仰によって生きる」から引用していた)。彼によれば、反対に当代の神学者や法律家は、誰も自分のことを信じないだろうと恐れるあまり、自分たちの博識をひけらかそうと引用の上に引用を重ねている(59)。

コレットにとってキリスト教学は、祈りと神の照明において始まる。それは聖書の執筆者の考え全体や歴史的背景と関わっており、歴史的分析から倫理的、宗教的理解に移っていく。そして、社会の改善と個人的敬虔の深まりへと至る。これまでわれわれが検討してきた、イタリアにおける学芸復興のせわしない精神の誰とも違い、コレットは歴史的、文献学的方法論を聖書の敬虔な研究に適合させ、自身のキリスト教的敬虔さとヒューマニズム研究とを結びつけ、実りある成果を上げることができた。彼は手本として、同時代の最も偉大な学者ロッテルダムのエラスムスに重要な影響を及ぼすこととなる。

第三章　エラスムス

一五世紀も幕を閉じる頃、思慮深い敬虔なキリスト教徒の精神は、古典古代の異教作品に対する新しい情熱がどの程度キリスト教信仰への脅威となり得るのか、という問題に直面した。「新しい学問」における批判的方法をキリスト教徒が使用するのは、正しいことなのか。キリスト教の伝統に対して歴史学や文献学の批判的方法を用いることは、改革あるいは革命、再生あるいは破滅という結果をもたらすのか。われわれは、テルトゥリアヌスの問いかけと共にこの研究を始めた。それを反復するかのように、人々は再びアテネとエルサレムの関係について思いめぐらしていたと言えよう。新しいアテネのヒューマニストは、新しいエルサレムの建設に寄与したのであろうか。それとも最後の一撃（*coup de grâce*）を古いエルサレムに加えたのであろうか。

われわれはジョン・コレットが（イタリアの）新しいアテネまで旅し、（イングランドに）新しいエルサレムを建設しようという、天命を熱く胸に秘めて帰国したことを知っている。われわれは彼の中に、原典の重要性を確信し、歴史への新鮮な感覚を身につけ、スコラ学に幻滅しながらも、しかし同時に、キリストの教えを伝え、腐敗した教会の体質を改革することに心から身を捧げた、新しいキリスト教的学識者の輪郭を垣間見ることができる。コレットの強みは、ひたむきさ、誠実さ、そして信仰の深さであった。彼は学者としては弱点があった。コレットは、中世の学者が築き上げた、キリスト教のあらゆる伝統を徹底的に再検証することの重要性を漠然と感じていたにすぎない。キリスト教の信仰を再発見された異教の古典と関連づける必要性をほとんど認識していなかった。学者としての天分を十分に持っていたが、成果を出版しようという願望はなく、彼が誕生する直前に起こった印刷術の発明が、キリスト教社会にもたらす意義に対する感性も持ち合わせていなかった。彼は原典に立ち返ることの重要性を理解していたが、ギリシア語を解さず、彼と彼が愛したパウロの心との間を隔てている最後のヴェールを押しのけることはできなかった。

コレットがオックスフォードでパウロ書簡の講義を開始してから二〇年後、ヨーロッパの知的世界は彼ではなく、友人であるロッテルダムのエラスムスの名前でもちきりになった。彼の時代で最も偉大な学者として有名になったのは、あるいはまた、ソクラテスとイエスを、プラトンとパウロを同じように情熱的に愛して、とりわけ（*par excellence*）キリスト教的ヒューマニストとして有名になったのは、コレットではなくエラスムスであった。そして、学識あるキリスト教徒の働きによって健全で献身的な精神を取り戻したキリスト教世界の理想を抱き、純粋な研究によって、自分の世代を救うために、虚空を掴むような英雄的な努力により身体と精神、そして魂さえも燃やし尽くしたのは、エラスムスであった。しかし、エラスムスの理想や召命への意識の源は、他の誰でもなくコレットその人だった[1]。

二人が一四九九年にオックスフォードで最初に出会ったとき、彼らはほぼ同じ歳（およそ三二歳）だった。おそらくエラスムスの方が数か月ほど若かったが、コレットは年の差以上に成熟していた。イングランドを初めて訪れるためにその年の秋にパリから到着したエラスムスは、人並みのキリスト教信仰を持つ熟達した古典学者だった。彼は両親を亡くした後、十年ほど前から修道士として過酷な修道院生活を送っており、パリ大学で学位を取得するための就学許可を得ようと必死に努力していた。少年期の早い段階で、おそらく（イタリアに旅したことのある）父親の影響か、あるいはデーフェンテルの共同生活兄弟団付属学校での経験を通じて、ラテン文学に惹かれるようになった。彼は無類の読書好きで、ステインの修道院の兄弟たちのほとんど全員が無学であったにもかかわらず、気の合った少数の仲間を見つけ、読書と著述への欲求を満足させることができた。彼以前のオランダ人たちは、コレット以前のイングランド人のように、イタリアを訪れてはイタリア人ヒューマニスト、とりわけロレンツォ・ヴァッラの仕事に対する情熱を故郷に持ち帰った。エラスムス自身が気に入った人物は、古代人のルキアノスとヒエロニムス、そして同時代人のヴァッラだった。

　彼の初期の書簡や著作には、敬虔さがほとんど見受けられないばかりか、キリスト教の教義や実践に背いているという自覚もない。特筆すべきは、心から受容したキリスト教倫理と結びついた、ナイーヴな世俗性が認められることだ。そこには異教作品への深い愛情とキリストへの忠誠心との間に起こり得る良心の葛藤が全くない。彼が（すでに大勢の人々が用いていたと思われる弁明の手口に従って）論ずるところによれば、古典作品は、キリスト教的生活に役立つ道徳的教えと倫理的寓意で満たされている。つまりキリスト教信仰とは、徳のある生活のために有益なのである。別の言い方をすれば、彼は古代を道徳化し、キリスト教から奇跡的・神秘的要素を奪ってしまったのだ。その結果、彼は古典の節度とキリスト教の慈悲を混ぜ合わせた理想に基づいて、快適に生きる可能性を発見する。彼は、自らが嫌悪したスコラ学的方法下の神学を研究する修道院から離反した、全く修道士らしくない修道士である。また彼は、典型的なヒューマニストの態度であるが、ほとんどすべての修道士とスコラ学者を「野蛮人」として一括りにする傾向がある。しかし、修道制やスコラ学をそのようには攻撃しない。彼は、修道院の生活は、彼のように繊細に作られた人間には相応しくなく、哲学は「節度をもって利用されるならば」素晴らしいものである、と言っているにすぎない(2)。

しかし、これで話は終わりではない。一四九九年にオックスフォードに姿を見せたこの若きオランダ人学者の中には、現れていない可能性があった。彼は苦難を知る神経質な人間だった。私生児で生まれたという事実は、彼に常に重くのしかかり、ステインの同僚修道士と友情を結ぼうとする無邪気な努力は拒絶された。彼が多くを求め過ぎたからである。彼は、他人からの要求に敏感になり、他人の意見にも人一倍神経を尖らせた。彼は極めて繊細な心を持ち、当時の「共通語」(*lingua franca*)であるラテン語の卓越した能力を身に付けた。また精力的で、情熱的で、機知に富み、良識豊かであった。最後に、彼は生まれながらのキリスト教徒だった。共同生活兄弟団の敬虔な教えの中の何かが彼の中に根を張り、相応の環境の下で花開く準備をしていた。このエラスムスは、これまで一度も自身のような素晴らしい知性を備えて学問好きである敬虔なキリスト教徒と出会ったことがなかった。

従って、彼とコレットとの出会いは極めて重要だった。二人は面白いほどに対照的だった。一方は明確な方向性も目的も持っていないが優秀で、機知に富み、類いまれな文才の持ち主であった。もう一方は「誠実さ、純粋さ、そして目的を一点に集中することで得られる無類の力を備えていた。」(3) エラスムスの人生にはダマスクスへの道はなく、深刻な危機や回心に至る厳しい内的緊張もない。エラスムスは、生涯を通じて変化し続けたのであり、その過程が終了することはなかった。彼はゆっくりと成長し、その人生の一時期に受けた経験や個人的な影響は、あるときにはわずか数か月後、あるときには数年後に実を結んだ。しかし、そのほとんどの日々をコレットと過ごしたとされるオックスフォードでの二、三か月間が、彼にとって決定的な時期だったことは間違いない。コレットは、キリスト教研究に人生を捧げるという道を彼に示し、その意味について熟考するための刺激を与えた。エラスムスらしいことではあるが、天の高みからの夢想(Vision)、お告げ(Voice)ではなく、彼同様にスコラ学的、ヒューマニズム的研究に精通し、彼よりもキリスト教徒であることの意味をずっと熟知している一人の友人との聖書解釈をめぐる長時間の議論だけが、彼をそこに導いたのである。

あるとき、コレットの家で夕食を共にしていると、なぜカインの捧げ物は神に受け容れられなかったのかという問題が提起された。コレットは真顔になり、霊感を受けたかのようであった。エラスムスには彼が「人並外れた尊厳と威厳を備えている」かのように見えた。彼は、カインが神の恵み深さをひどく疑い、土壌を耕す自分の労働を過大評価したがために神を怒らせたのだと主張し、エラスムスや他の客人に反論した。その話は、エラスムスにとって長すぎ、真面目すぎるものであったため、しまいに彼は即興で驚くほど愉快な物語を考え、披露した。エラスムスによれば、カインは穀粒が天国にあるハンノキと同じ位の高さにまで成長することを耳にし、門番の天使をそそのかしてその粒を手に入れようと試みた。彼は天使に、自分がリンゴに勝手に手を出さないうちは、穀粒を絶対に失わないようにしなさいと言った。そもそも神は、現在人間が地上で番犬どもを訓練するために行なっている仕事を天使に課すことで、天使を粗末に扱っているのだと述べて、地上は結構素晴らしい場所だから、天使もこちらに来たいのではないかと付け加えた。カインの論議は落着した。彼は種を手に入れて蒔き、それは繁茂した。それから神が見つけ出し、カインの収穫物を台無しにして、怠慢な天使をその報いとして人間的体に閉じ込めた。明らかにエラスムスのなかの古典的詩人のほうが、依然として神学者のほうよりも優っていた。(4)

しかしながら、やがてコレットはエラスムスに、神学や聖書解釈の諸問題の重要性を認識させようとつとめた。彼らは、スコラ学的方法論に対する反感を共有していたが、コレットはその問題についてより深く考えていた。ある日エラスムスは、アクィナスを大変優秀なスコラ学者であると賞賛した。コレットは、本気で言っているのかと確かめるかのような鋭い眼差しでエラスムスを見つめ、それから「あなたはなぜ私の前であの男を賞賛するのでしょうか。彼はあれほど傲慢でなければ、軽率かつ傍若無人な仕方ですべてを決めつけようとはしなかったでしょうし、あれほど世俗的な魂を備えていなければ、冒瀆的な哲学でキリストの教えを汚すことも決してしなかったでしょうに」と、怒りを露わにした。それは、激しさの点では「ルター派」のような強い口調だった。エラスムスの友人のヒューマニストたちは、スコラ学を粗野な文体と実用性に乏しい、無用のものとしてあざ笑った。しかしコレットは、スコラ学はその知的傲慢によって信仰心を踏みにじっていると感じていた。このことにエラスムスは心を揺さぶられた。(5)

しかし、彼が聖書解釈学に関する初めての論を書くきっかけとなった対話は、ゲッセマネの園におけるキリストの苦悩と、それをいかに説明するかという問題をめぐるものだった。ヒューマニストたるエラスムスは、イエスの中に、死という疑いのない恐るべき事実に直面し、苦悩する人間が抱く一瞬の恐怖と弱さを見た。コレットには、多くの無名の殉教者が恐れることなく死に直面したのに、キリストが怯えたなどとは信じられなかった。彼は、イエスは自分の死によって罪人となるユダへの哀れみのために、少し困惑しただけだと（ヒエロニムスを支持しながら）主張した。エラスムスは納得しなかった。彼は腰を据えて、二つの小論を著した。

「これらは神学の素人による最初の試論です。これらは私の能力ではなく努力の結晶です」、とエラスムスはコレットに書いた。彼は、以前のカインをめぐる議論のときよりも明らかに熱心ではあったが、依然として新しい観念と戯れているようであり、相手のコレットは（現存する一通の返信において）、ゆるぎない信念をもってこれに応じた。彼は、救い主には人間的弱さなど存在しないと確信していた。(6)

一か月ほど後には、二人は互いを深く知るようになっていた。友情は成長しながら、必ずある種の危機を迎え、親密な相互理解と大義を共有する同胞意識として成熟するか、両者のすれ違いによって枯れるかしてしまう。コレットは、自分が豊かで若い支配者に対峙しているイエスのように感じていたに違いなかった。ここに（エラスムスという）傑出したキリスト教的学問への転向者候補がいた。彼は援助を得るために友情を危険にさらすべきなのか。コレットは危険を冒す決断をした。彼はこれまで受け取った書簡の中で最も重要だと思われるものはどれなのかと、手紙で尋ねた。二人の間には多くの対話が重ねられてきたに違いなかった。コレットの書簡は失われているが、われわれはエラスムスの返事から、彼への質問のおおよその内容を知ることができる。(7)

コレットは、エラスムスに正直に、彼の人生の将来全体にかかわる決定を促したかのようである。エラスムスは――彼は明らかにその方向に向かっていたが――、世俗的な詩や修辞学に人生を捧げてしまい、類まれな才能を浪費するのであろうか。あるいは彼は、福音書の知恵を隠そうとするソフィスト（へりくつ屋）や蒙昧主義者に対するコレットの闘争にはせ参じ、オックスフォードに住み、コレットがパウロ書簡を講義したようにモーセやイザヤについて講義するのであろうか。激しい内容の書簡だった。エラスムスによれば、辛辣な警告と叱責が含まれていた。書簡の随所でコレットは、エラスムスには失望したと断言していた。しかし、それでも友人からの書簡であった。

エラスムスは、あなたは私に期待をかけすぎていると返答した。蒙昧主義者との闘争には賛成するが、それにはコレットのような勇敢さが必要で、自分にはそれがない、と。さらに、彼はまだ知的な武装を完了していなかった。「一度も学んでいない事柄を、どんな顔をして教えれば良いのでしょう。自分が寒さで震えているのに、どのようにして他人を温めるべきなのでしょう」と彼は尋ねた。自分はコレットを失望させるかもしれないが、それはコレットが彼を過大評価したせいである。エラスムスは、人生を詩学や修辞学に捧げようとは考えてもいなかった。聖書研究が彼の能力を超えているように、これらは彼の目標に値しなかった。しかし彼は、自分はコレットの味方であると主張した。当面の間、「熱心に応援し、支持する」と約束した。「そして私が相応の強さを自覚したならば、あなたの味方となり、神学を熱心に弁護するように、無駄かもしれませんが、努力いたします」とエラスムスは述べている。

これは、われわれにも理解できる一片の臆病さ、それとも真っ正直で鋭い自己分析の結果なのであろうか。おそらく、その両方であった。重要なことは、エラスムスが自分の生涯の仕事に打ち込んでいたということであり、そして身のほどを正確にわきまえていたということである。彼は、コレットよりも自分のことを良く知っていた。すでに彼は、キリスト教の伝統を真に作り変え、それを古典文化の最良のものと関連づけるためには、極めて広く深い知的備えが必要であるという、漠然とした考えに達していたにちがいない。われわれは彼がギリシア語の習得を決意してイングランドを離れたことを知っている。彼は、ある最近の研究者が主張するように、単に原文でギリシア古典を読もうとしていただけなのか、それとも聖書研究におけるギリシア語の重要性をすでに見抜いていたのか。答えは全く分からない。(8) コレットがギリシア語を知らなかったとしても、他のイングランドの知人たち、例えばウィリアム・グロシン、トマス・リナカーは、ギリシア語を知っていた。われわれには、彼の書簡に記された、友人たちとの会話のすべてに関する不完全な記録だけが残されているが、それは、彼が一、二年後に極めて明確に認識することになる、聖書研究のためのギリシア語の重要性に、イングランドですでに気づいていた可能性を示唆しているかのようだ。彼がコレットに、学んでいないものをどのように教えられるのかと尋ねたとき、彼はギリシア語の知識もなしにパウロ書簡を講じている友人を、それとなく批判していたのかもしれない。いずれにせよ、彼はコレットの強みのみならず弱点からも、何がしかを学んでいたのであろう。

エラスムスは一五〇〇年一月にパリに向けてイングランドを出発した。それから数年の間に、彼は自分に対する召命を理解するようになった。それは、宗教的伝統全体を清め、浄化しようという目標をもって、当代の最も優れたヒューマニズム研究を、キリスト教信仰の鍵となる文書の研究に応用することである。この頃は、彼の人生において最も困難な時期であった。彼は身体的苦痛にかなり敏感であったが、貧しくまた病気がちであったこの時期にも、自分が必要とする知的武器を獲得しようという決心は全く揺らがなかった。辞書がほとんど手に入らず、手稿類も乏しく高価で、ギリシア語の教師も中々見つからないような当時にあって、ギリシア語の習得は容易ではない。明らかにしばらくの間は、彼にはギリシア語の教師がいた。彼は、「完全なギリシア人であるその人は、いつも空腹で、法外な授業料を請求する」人だったと報告している。ギリシア語の習得は、ほとんど完全に彼自身の努力の賜物であった。彼はギリシア語をものにするには歳を取りすぎていることを自覚していたが、全くやらないよりは遅くても始める方が良いと自分に言い聞かせた。ラテン語学習は、「ギリシア語なしには不自由で不完全」であった。「私たちは、ラテン語を用いて、いくつかの狭い水路と濁った水たまりを手に入れるのが精いっぱいであるのに、彼らギリシア人には、金が溢れ出る、最も綺麗な泉と川がある。」ギリシア語の知識なしに神学を論ずることは全く馬鹿げたことである、と彼は考えた。ヴィエンヌ公会議（一三一一―一三一二年）は、ヘブライ語、ギリシア語、ラテン語をキリスト教界の主要な大学で教えるべきだ、と厳かに命じた。だが彼は布告は実現されなかったと指摘する。「私たちは、ギリシア語なしにはいかなる類の文学とも関われないでしょう。推量するのと判断するのは別であり、自分の目を信ずるのと他人の目を信ずるのも別の事柄なのです。」エラスムスは、その言語を習得するまでじっと耐えた。彼は並行してヘブライ語も習得しようとしたが、これは成功しなかった。ヘブライ語習得を断念したのは、高齢であることに加えて、「人間の精神には、これほど多くの科目を修得するための能力が不足している」からだった。(9)

一五〇〇年当時は、国の支援や奨学制度などはなく、エラスムスのように三〇代半ばにして学者として何がしかの成功を収めたいと望む者は、支援してくれる裕福な友人に頼らざるを得なかった。援助を懇願する当時の彼の書簡は、楽しく読めるものではない。彼は、ヴェレ婦人を紹介してくれるように友人のヤーコプ・バットに求め、断わられている。彼は次のことを彼女に伝えて欲しいと言う。彼女の他の被保護者たちは「意味不明な説教をしています。私は永遠に生き続けるものを書きます。彼らの話は、無知な愚かさに満ちていて、一つか二つの教会で聞かれるにすぎません。私の作品は、世界中のあらゆる国々で読まれるでしょう。……あなたは、あなたのエラスムスに存分に報いる昔からの方法をご存知です。」一呼吸おいて、彼は、自分は読書のし過ぎでヒエロニムスのように失明してしまうだろうと言っている。おそらく貴婦人は、「視力を強める効力のあるサファイアか別の宝石」を彼に送るように説得されたはずである。「大量の書物不足、余暇の欠乏、虚弱体質。このような環境で、本の執筆に集中しようとしてみてご覧なさい」、と彼は不満を言う。(10)

こうした誇張、言い逃れ、惨めな屈辱などのすべてのなかに、誠実さという核心があった。ほとんどの研究には、抑えようもない自意識が読み取れる。学者は、情熱をもって取り組む仕事を信じない限り、たとえその成果が不毛で、受け容れがたく、表面的な報酬も微々たるものであるとしても、仕事を成し遂げたことには決してならないし、そもそも上首尾にいくはずなどないであろう。他方で、研究という仕事を完成させるために、快適さ、家族、楽しみを犠牲にしなければならなかった者もいる。エラスムスも、自尊心を犠牲にしなければならなかった。

しかし、目的に対する彼の誠実さに偽りはなかった。「ささやかでも何かを生み出すために夜遅くまで勉強すること、同時にそれなりのギリシア語能力を身に付けることに私の心がどれほど燃えているか、とても信じられないほどです」と、彼はイングランドを離れた一年後に書いている。そして、「私が数年来強く願っていたことですが、この次はキリスト教文献の研究に全身全霊を捧げようと思います」と述べている。また彼は、長い間目論んできた蒙昧主義者に対する攻撃の時機が熟し、その猛攻撃を実行に移すまで、後三年は健康でいたいと言う。「私自身の魂は、最も完璧なる学問を手に入れようと決心したので、つまらぬ類いの研究には全く注意を払いません……。私は、若くても手に入るけれども簡単に失ってしまうような名声よりも、長いこと頑張って手に入れた後、二度と失われない名声を求めます……。私には勤勉さや勇気が有り余っています。」(11)

エラスムスの勇気に関する悪評については、実に沢山のことが書かれてきたが、彼が有名になる前の困難な時期に示した、注目すべき不屈の精神力や目的を追究するひた向きさに関しては、余りにもわずかしか語られていない。また最も厳しい時期にあってさえ、つまらぬ研究を早々に公表してしまうこととは対照的に、いかなる世紀にも役立つはずの有意義な学問という理想を眼前にかかげていたことについては、余りにも稀にしか言及されていない。

一五〇〇年から一五〇五年までの間、彼はフランスやオランダなどに滞在し、ギリシア語を学び、生活のための退屈な執筆活動をしながら、『格言集』を出版し、裕福な援助者に支援を要請しながら、聖書研究に身を捧げようという漠然とした目標を固めつつあった(12)。彼はイングランドを訪れる前にも、そうした目標について何度か漠然と話していたが、人生を捧げるべき具体的な計画が明らかになるにつれて、それは明確に定まり始めた。

最初の研究目標は、聖ヒエロニムスの著作の編纂だった。彼はヒエロニムス書簡を、好んで読み続けてきた。若い頃、彼は自らの手でそれらをひとつひとつ書き写していた。それは彼がステインの修道院にいるとき書いたのだが、これらの読者は皆、「鈍感さは神聖さに非ず、言葉の優雅さの欠如は不信心そのものである」ことに賛同しただろう。彼は、捕虜の女性の髪を剃るという行為を、キリスト教徒の異教文学の扱い方の比喩と見なす、ヒエロニムスの「申命記」からの引用が特に気に入っていた。彼はそれを、世俗文化を軽蔑する聖職者の「野蛮」を攻撃するための素晴らしい武器と見なした。コレットはキリストの苦悩に関して意見を述べるときにヒエロニムスを引き合いに出したが、このことは〔アレン〔現代の著名なエラスムス研究者〕が指摘しているように〕エラスムスを、再び彼のお気に入りの著述家に向かわせたであろう。ともあれ、われわれはオックスフォードを離れてわずか一年の間に、彼がヒエロニムスの書簡を、長い年月の間に失われたギリシア語原典の文章を復元しながら編集し、出版することを目標に定めたことを知る。「聖ヒエロニムスの著作を復元し、真の神学を復興すること」は、一五〇〇年末における彼の「偉大な構想」だった。(13) これら二つの構想は、彼の心の中で密接に関連していた。自らも聖書の修復者であったヒエロニムスを復元することは、「蛮族」を倒し、著作に対するかつての最高の解釈に立ち返り、ヒエロニムスを代表者とする古典的学問とキリスト教信仰との実りある交流という活動を再開させることである。

第二の研究目標は翌年に見出され、彼の関心の中心へと移っていった。それは新約聖書である。コレットはオックスフォードでの旧約聖書に関する講義に彼を招待したが、コレットの聖パウロに関する講義は、エラスムスに対する彼の助言よりも、はるかに説得的であった。一五〇一年の秋、彼の友人ジャック・ヴィトリエは、エラスムスの関心をパウロ書簡の研究に導き、同じ頃エラスムスは『キリスト教兵士の手引き』を次の言葉で締めくくった。「預言者、キリスト、そして使徒をあなたの友としなさい。なかんずく、パウロを選びなさい……長い間私は、苦労しながら彼の解釈に取り組んできました……。良き学問について何も知らないことが最も高き宗教であると考える幾人かの批評家が、武器を取り上げられれば良いのですが。私が若い頃に古代の洗練された作品に手をのばし、年を取るまでにいくらかでもラテン語とギリシア語を習得したことは、空虚な名声や子どもじみた喜びのためではありません。あたかも寛大な心に聖書への温かい愛を焚き付けるかのように、主の神殿から野蛮なる無知を取り除き、遥か遠くから運ばれた宝で神殿を飾ることは、長らく私の主要な目標でした。(14)」この計画的な知的発展についての考えは、アウグスティヌスの自己発展に関する省察になんと似ており、そしてまたなんと似ていないことか。エラスムスはその計画という行為の意義を誇張し、自分が計画者だと主張する。これに対してアウグスティヌスは、自分の知的遍歴、オデュセイアの旅を神の摂理に帰する。

オックスフォードを離れて五年後の一五〇四年一二月、エラスムスは自分の目標が定まったとコレットに書簡で告げた。(15)「最も優れたコレットよ、私がどんなにか熱心にキリスト教文献を研究しているか、なのに行く手を阻まれ、前に進めないことにどんなに苛立っているのかを、言葉で表すことはできません」と述べた。彼は周囲の混乱を避けるために、ルーヴァンからパリに戻った。「こうして、残りの人生を捧げると決めた聖書研究に、自由に、また心から喜んで取り掛かるでしょう。」彼は、パウロの「ローマの信徒への手紙」について書いた四巻の著作はギリシア語の能力不足に常に邪魔されてしまい、未完であったが、今や状況は改善されたと述べる。コレットから「ここ数年」手紙が来ないと言いながらも、最近の自身の著作の写しを同封したが、今では分からない理由によって、ある夏の極めて心をそそる出来事についてはほとんど触れなかった。ルーヴァン近くの修道院付属図書館を探索しているときに——これより楽しいことはないと彼は後に述べている——彼はロレンツォ・ヴァッラの『新約聖書注解』の写本に出会った。彼はずっとヴァッラを、とりわけ彼の言語学的研究を賞賛してきた。この注解書を彼が手にするのは初めてで、発見したときは身震いしたにちがいない。なんらかの方法で写本を何とかパリまで持ち帰り（これは当時、より容易であった）、一五〇五年の春には出版業者を見つけていた。

エラスムスは、ヴァッラによる注解書に素晴らしい序文を付けて刊行した。(16) この序文には、ヒエロニムス、ヴァッラ、そしてエラスムスという三人のキリスト教的ヒューマニスト（Christian Humanist）が登場し、時代を超えて手を取り合っている。その成果は、神学からの文法学（文献学）の独立を高らかに宣言したことだった。エラスムスは、神学者たちが「この文法学者」ヴァッラに対して、神学の学位を何も有していないのに聖書に余計な手出しをしていると、「極めて不愉快な抗議の声」を浴びせるであろうと確信した（エラスムスは自分も同じ状況にあることを知っていたが、それを口にはしなかった）。神学者たちは、解釈とは聖霊の導きによるもので、聖書の原語に対する知識に依拠するものではないと主張するつもりであろう。

しかし、彼らは「預言者であることと解釈者であることは別である」というヒエロニムスの格言を思い出すべきなのだ。エラスムスは「われわれは、聖書の原典に記された言葉に無知であるがゆえに自分たちが犯した間違いを、聖霊のせいにしても良いのか」と尋ねる。神学者たちは、ヒエロニムスのラテン語をギリシア語と比較しているヴァッラに対し、ヒエロニムスのラテン語を軽んじていると責めるだろう。しかしヒエロニムスは、ただ早期のラテン語訳を校訂しただけで、ギリシア語版から出発しなかった。さらに間違いは、歳月とともに増えていった。新たな誤りは「印刷術のせいで以前よりも簡単に発生してしまう。たった一つの間違いも、たくさんの複製によって一気に広がってしまうからである。」彼らは、すでに古代の学者たちが聖書の中のあらゆる隠れた意味を明らかにし、言うべきことを言ってきたと主張するだろうが、「私は、他人の目ではなく自分の目で確かめたのだ」とエラスムスは述べる。そして、新しい世代が語るべきことがまだ沢山ある。原典に立ち返り、それを自分で読む以外に方法はないと結論づける。結局のところ、神学は侍女である文法学に頼らざるを得ない。神学者であるにしても、最初に聖書が書かれた言語が理解できないならば、聖書について書くべきではないのである。

これがエラスムス「教授」のキリスト教世界に対する就任講義であった。ここにある彼のあらゆる根本原理は明白で絶対的であった。つまり、原典は解釈者よりも信頼でき、純粋であるので、われわれは原典に戻らねばならない。神学は聖書に対する確かな言語学的、歴史学的理解に基づかなければならない。聖書の文章は、神学の要請次第で捻じ曲げられてはならない。言語学者と歴史学者は、神学者と同様にキリスト教的学識者と呼ばれるに足る権利を有している。これがヒエロニムス、ヴァッラ、そしてエラスムスの全員が、それぞれ異なる仕方で、拠って立った基盤であった。

エラスムスがヒエロニムスと新約聖書に関する著作を仕上げるまでに、さらに十数年が過ぎた。一五〇五―〇六年の冬に、彼はイングランドに戻り、ヴァッラという先達に心の火を焚きつけられ、またおそらくコレットに励まされた結果、コレットが彼のために収集したラテン語とギリシア語で書かれたいくつかの手稿に基づいて、新約聖書の大部分をラテン語に翻訳した(17)。その後三年間イタリアに滞在し（一五〇六―〇九年）、イングランドに帰還すると、わずかな時期を除く五年間をそこで過ごした（一五〇九―一四年）。ケンブリッジではヒエロニムスを講じ、新約聖書のギリシア語版に取り組んだ。一五一四年までには、彼は準備が整ったと感じ、出版を望んだ。彼は書いている。「この二年間、他の沢山のことを脇に除けて、ほとんどヒエロニムス書簡を校訂していました……。古代のギリシア語の写本と照合して、新約聖書のすべてを手直しし、千以上の節に注釈を付けましたが、これらは多少とも神学者の役に立つでしょう。私は聖パウロの書簡に関する注釈を開始しました。完成したら、出版するつもりです。私は聖書研究のために生き、そして死ぬ覚悟を決めました。私はこれらを仕事とし、また娯楽とします。ある有力者は、私には、この分野で他の人にはできないことをやり遂げる能力があると言ってくれます(18)。」

印刷業者たちは一六世紀の学問にとても深く関わっているため、以下の部分では、彼らを学者と同じ程度に論じていくことにしたい。アーメルバッハやフローベンといったバーゼルの印刷業者は、ヒエロニムスをはじめとする初期教父の著作を出版する計画を立てていた(すでにローマでラテン語の古典が印刷されており、ヴェネツィアのアルドゥス書店ではギリシア語の古典が、ドイツではスコラ学の文献が印刷されようとしていた)。印刷業は、学問の歴史でわれわれが初めて「標準版」と呼べるような産物を生み出した。当時は、アレンが指摘しているように、偉大なる著述家の標準版を世に出すことが求められていたが、この印刷本は完成版ではなく、各地の学者がさらに照合し、検討するために利用する材料だった(19)。エラスムスは、先のウルガータ聖書の中の沢山の誤りについて述べた引用文が示唆しているように、印刷の計り知れない重要性に気づいていた。コレットをはじめとする他の者たちが、講義で満足していることをエラスムスは知っていた。エラスムスは出版を、ほとんど義務であると感じていた。彼はすでに、ヴェネツィアのアルドゥスとの共同作業に熱中していたし、一五一四年の夏にはバーゼルのヨハン・フローベンと長く実りある親交を開始した。

エラスムスの『校訂新約聖書』――公に出回った最初のギリシア語聖書であり、序文、豊富な解説、新しいラテン語訳が付されたもの――は、一五一六年三月に刊行された。その秋には、フローベン書店からヒエロニムス著作集九巻――そのうちの四巻は、エラスムスが手がけたヒエロニムス書簡にあてられていた――が出版された（同年、友人トマス・モアが『ユートピア』を公にした）。翌年、エラスムスはパウロの「ローマの信徒への手紙」の翻訳を出版した。長年の労苦が結実し始めた。『校訂新約聖書』は、彼が亡くなる一五三六年までの二〇年間に五版を重ねた。ヒエロニムスの編纂の後も、アウグスティヌス、アンブロシウス、オリゲネスなどの教父の校訂を続けた。これらの人物は、彼の学問に最も貢献した人たちだった。その間に彼は、翻案《パラフレーズ》――翻訳と注解との中間的なもので、形式にとらわれず、多くの有益な情報を含むが、原典に近い――が、自分の「得意分野」（*forte*）であることを発見した。彼は残りの福音書や書簡の翻案《パラフレーズ》を書いた。まもなく、それらはドイツ語、フランス語、そして英語に翻訳され、非常に多くの人々の手に渡った。

一五一六年までにエラスムスは召命を見出し、最も重要な二つの学問的著作を生み出し、知的権威と道徳的名声の頂点に達した。一五一七年初頭のキリスト教世界は、何か興奮するような雰囲気があった。「まるで合図でもあったかのように、世界中で最善の学問を復興させようと傑出した才能が動き出し、目覚め、力を合わせています。異なった分野出身のこれらすべての偉大なる学者が仕事を共有し、この尊い任務に着手するには、団結しなくてはなりません」、とエラスムスは書いた。彼は、その任務のために与えられた「つつましい役割」を誇りとした。中世の神学者たちはすでに死んだと彼は思った。彼の唯一の恐れは、「古代の学問の再生という覆いの下で、異教主義がその頭を持ち上げようとするかもしれない」というものだった。しかし彼は、「キリストの単純さと純粋さが人々の心に深く染み入っていくであろうこと」を願い、「三言語の助けを借りてわれわれがその時々の原典の中で思考を鍛える」ならば、そうしたことになるであろうと信じた。(20) キリスト教化されたヒューマニズムの剣をもってスコラ学の怪物たちや迷信をやっつけること、最初期に書かれた原典の研究を通じて自分の世代をガリラヤへと導き、キリスト教信仰本来の純粋さを復興すること、これらがエラスムスの召命であった。

彼の『校訂新約聖書』が出版された直後の数年間は、深く根を張った諸悪が、召命を受け啓蒙されたキリスト教的学識者の小集団の猛攻撃の前に、今にも屈するだろうとの期待が、ヨーロッパの少数の人々の間で最高潮に達した時期だった。いくつかの事例では、エラスムスの熱意がこの期待へと伝わっていく過程をたどれよう。しかしそれは、ヨーロッパ各地に散らばった多くの学識ある人々の間で、併行して、しかし独立して生じた現象であるようだ。ここでは、そうした例を二つだけ取り上げたい。

エラスムスの親友トマス・モアは、コレットと同様に、エラスムスの『校訂新約聖書』の出版を喜んだ。彼は一五一八年の春、オックスフォード大学の副学長、学監、そして学部宛てに、ギリシア語研究を「トロイヤ人」のように攻撃しようとする者に対して、それを擁護する、有名な書簡を書いた。モアは書いている。「ヒューマニズム教育が世俗的であるという問題について述べるならば、救済のためにギリシア語やラテン語、あるいは教育全般が必要であると主張した者はこれまで誰もいませんでした。にもかかわらず、この世俗的と言われる教育は、魂の徳性を鍛えるのです……。自然についての知識を通じて、超自然的なものの観想に至る階段を築く人たちがいます。彼らは、哲学と自由学芸を通じて神学に至る道筋を打ち立て、エジプトの略奪品で天国の女王を飾るのです……。ヘブライ語、ギリシア語、あるいはラテン語であろうと、ある言語の知識なしに、どのように神学の研究をすべきなのか私には分かりません……。新約聖書は、ギリシア語で書かれています……。西方世界には、ギリシア語研究の半分も普及していません。いかにこれまで素晴らしい翻訳がなされてきたとしても、原典は依然として翻訳よりも確かで、信頼できるのです。[21]」明らかにモアの書簡は、アウグスティヌスが『キリスト教の教え』で行なった、神学の基礎としての世俗的研究についての伝統的な弁明に多くを負っている。しかし同時に、彼の時代にアウグスティヌスの思想を蘇らせたエラスムスからも、大きな影響を受けていた。

対照的に、エアフルト大学の教師であったドイツ人のムティアヌス・ルフス（あるいはムティアン）は、エラスムスから直接影響を受けてはいないが、彼と同じような道を歩んできた学者だった。彼はエラスムスのように、若い頃に確固たる信念をもって古典研究に打ち込んだ。彼は宗教儀礼を風刺した小冊子を書いたが、そこには次のような問答がある。「幾人かの人……は、額に皺を寄せ、「一体何があなたのような不道徳なキリスト教徒を赦すのか」と言った。そこで私は「学問と知識です」と答えた。」この文章で彼がどんなに真剣だったか、これこそがキリスト教的ヒューマニズムの基礎である。ムティアンは、コレットのように出版に恐怖感を抱いていたが、それは自分の考えに確信がなく、その影響力を心配していたためだと思われる。ヒエロニムスを敬愛し、原典への回帰を強調し、キリスト教とは一連の信仰や儀式ではなく人間の生き方そのものであるという確信を持っていた点で、彼とエラスムスの間には「著しい知的類似性」が存在した。一五一四年に一種の宗教的覚醒を経験した後、彼の学問に対する信仰はさらに控えめになった。「農夫は、哲学者が知らない多くのことを知っている」、と彼は書いた。[22]しかし、彼の経歴が、エラスムスは一五一六年直後の数年間の活動において孤立していなかったことを十分に示している。

これより、キリスト教的学識者としてのエラスムスの最大の特徴について、詳細に検証していきたい。

第一の見解として、エラスムスのことを少しでも知った人なら誰でも、彼が学識、良き学問、純粋な知的理解に対して、計り知れないほどの敬意を払っている様に心を打たれる。彼は生涯を通じて、無知という怪物と戦っているように感じていた。彼は、真理はそれを曇らせようとする「野蛮」の試みにもかかわらず、強く、圧倒的で、魅力的だと確信していた。さらに彼は、真理は常に単純明快であり、瞬間的に理解できると、繰り返し語っていた。仮に人が複雑さや矛盾を見出すなら、真理自体のせいではなく、人間が真理を曲解した結果なのだ。かなりの努力と不眠不休の勉学（エラスムスのお気に入りの言葉）を必要とするかもしれないが、適切な知的道具を手に入れ、原典に立ち返って掘り下げるならば、真理を学ぶことができる。この手法の最もよく知られた成功例は、荒れ野での洗礼者ヨハネの叫び「悔い改めよ。天の国は近づいた」（「マタイによる福音書」三・二、「ローマの信徒への手紙」二・四）のエラスムスによる訳である。エラスムスは、ウルガータの「悔い改めよ」(*poenitentiam agite*) という言葉が、「あなたの正しい心に戻りなさい」という原典のギリシア語の意味を曖昧にしたと考えた。このちょっとした文献学的研究は、一五一八年のルターの告白と悔い改めに関する新しい意味理解の形成に重要な役割を果たした。

若い頃、エラスムスは友人に「学問に没頭していない時間は、全く失われてしまうという、プリニウスの格言を常に思い返したまえ」という書簡を送った。そして晩年には「彼らは私に生きるためには、書くこと全般、勉強の類をあきらめるように勧めます。しかし、そんな代償を払った人生は、人生ではありません(23)」と書いた。エラスムスにとって学問は、人生において最も刺激的で、最も実り多い、最も充実した活動である。彼の『対話集』の対話の中の最も楽しいものの一つに、無知の修道院長と学識ある婦人との間の対話がある。（エラスムスはいつも婦人の味方をし、僧侶をけなした。）修道院長は、「請け合っても良いが、勤勉な修道士など御免こうむる。彼らは論理学をかじり、道徳的に堕落するだろう。今すぐ彼らを教え諭して、ペテロやパウロに懇願させなさい……。」「けれども」、と婦人は言う。「私はあなたが彼らにペテロやパウロと不一致でぶつかるようなことは何もさせないようにとお願いします。」これに対して修道院長は答えた。「ぶつかろうがそうでなかろうが、私は彼らの教えにはそれほど頭を悩ましてはいない。だが、決定権を持ち、目上の者に口答えする輩など、全く腹立たしい。(24)」もっとまじめな言葉を探せば、同様の考えがエラスムスの新約聖書の序文にも貫かれている。つまり、ヘブライ語、ギリシア語、ラテン語といった聖書の言語に無知であることは恥ずべきことであり、幾人かの野蛮な神学者の主張とは違い、誇るべきことではない。原典へと立ち返ることで、「キリストの哲学」を学ぶことが「できる」し、「そうして教えることもできよう……。(25)」

第二の見解として、われわれがいっそう詳細な考察を加えて言えることには、エラスムスの賞賛の対象は、特別な種類の学問であり、学びの特別な方法であり、一般的な意味での勉強ではない。エラスムスは哲学者でも神学者でもなかった。言葉の最も一般的な意味において、彼は文学史家、それもナスも、彼の模範にならなかった。言葉の最も一般的な意味において、彼は文学史家、それも「テクスト（原文）とコンテクスト（文脈）」に関心を持ち、歴史的記録をきちんと整理することに熱心で、キリスト教の過去を史実のままに再構成しようと心掛けた文学史家であった。それは中世のスコラ学者の歪んだ神学の中にあるままではなかった。コレットのように、エラスムスは誰がその文書を書いたのか、誰に向けて書いたのか、何のために言いたのか、それを裏づける背景は何かといった問題に、常に関心を寄せていた。「私は、こうした点を、話し手の考えを探るために、書き物の難しさを理解することになる主要な鍵と見ています」、と彼は書いていた。[26] 聖書を研究する真面目な学徒に向けて彼は、次のように語った。「あなたの言語を学びなさい。ヘブライ世界とローマ世界の歴史と地理を研究しなさい。原典に没頭しなさい。こうしてあなたは、使徒信条やスンマの中にある神学化された姿よりもはるかに魅力的なキリストを呼吸しながら、生き返ったような気持ちになるでしょう」と。「キリストの足跡があらゆるところで示されるならば、私たちキリスト教徒はひざまずき、信仰するでしょうか。むしろ私たちが、これらの書物に描かれた生き生きと息づいているキリストの御姿を敬わないなどということが、一体どうしてあるでしょうか。[27]」ただこのようにしてわれわれは、神が「人」になったという事実を理解できる。「私たちは「マタイによる福音書」第二〇章の彼が群衆を憐れんでいる箇所、「マルコによる福音書」第三章の怒り悲しんでいる箇所、「マルコによる福音書」第八章の彼が心の中で深く嘆いている箇所、「ヨハネによる福音書」第一二章の受難の前にひどく動揺する箇所を、繰り返し読むのです。また、彼がゲッセマネの園で血のような汗を流すほど苦しみ悶えたこと、死刑の際によく起こるように、十字架にかけられたイエスが渇いていたこと、エルサレムの町を思い、涙を流したこと、そして涙を流しラザロの墓で心に憤りを覚えたことを、繰り返し知るのです。(28)」キリスト教的敬虔の方法論としては、『キリストに倣いて』(あるいはロヨラの『霊操』)の読者なら誰でも分かるように、この種の方法は特別に新しいものではない。しかし、エラスムスの中でそれは学芸復興に由来する歴史学的批判と密接に関連していた。それは共同生活兄弟団やコレット、そしてなかんずくヴァッラのやり方を反映していた。

エラスムスは、ヴァッラの歴史的パースペクティヴ、つまり異教的古代とキリスト教時代との歴史的断絶という見方を取り入れた。古典古代の永遠に円環的に繰り返す歴史の観念は、彼の意識の中にも依然として残っているが、彼の批評のほとんどにおいては、個別の出来事が直線的に連続していくキリスト教的歴史観が前提として彼の思想の根底にある。ヴァッラから彼は時代錯誤に対する鋭い見方を手に入れた。あるとき、彼はいくつかのヒューマニスト集団の中では当たり前のこととなっていたが、キケロの表現を用いて彼の時代とは全く異なる現在について述べるという実践の実りのなさを嘲笑した。つまり「周囲を見回せば、すべてが変わっていることが分かります。私は別の舞台の前に立ち、異なった劇、いや、異なった世界をさえ眺めます。」われわれは、キケロの世界(あるいはパウロの世界)を理解できるし、ある意味では追体験することさえできるが、それは、その特有な実在をかつて持っていたが今は死んだ過去において有していると、わたしたちが認識する限りにおいてのみそうなのである。同時に、歴史において、再生あるいは復活は、また別の可能性を示唆するかもしれない。ローマやローマの学問は生き、そして滅び、キリスト教信仰が後に続いた。「過去において、学問から敬虔へ、古典主義からキリスト教信仰へと発展してきたように、今日でも学問は敬虔を復活させるかもしれない。」エラスムスの意識の深部には、信仰は学識教養に基づくとの確信、あるいは「キリスト教の啓示の重要性の発見と敬虔の復活は、歴史研究の所産である」という確信があった(29)。

学識ある者が、おそらくダンテとウェルギリウスを半ば無意識的に模倣して、過去への理解をもたらしてくれる個人的な案内人を選ぶことは当時の流行だった。エラスムスの案内人は、当然ヒエロニムスだった。ペトラルカがキケロを愛し、コレットがパウロを愛していたように、ヒエロニムスに対する彼の愛には、熱情的で個人的な要素があった。エラスムスが一五〇〇年に初めてヒエロニムスの書簡を編纂することを思いついたとき、「私にはいかなる神が私の心を燃え立たせ、駆り立てたのか分かりません。私はすべてのキリスト教徒の中で疑いもなく最も高い学識と最も素晴らしい雄弁さを兼ね備えた、あの聖なるお方の敬虔さに心を動かされています」[30]と書いた。一三年後、出版直前にまでこぎつけたその作品を携えながら、彼の頭に同じ考えが浮かんだ。「ヒエロニムスの校訂と解釈という仕事への関心は、私の心にとても優しく入り込んできましたので、あたかも神の霊感を受けたのではないかと感じたほどでした。」[31]『ヒエロニムス著作集』の序文にエラスムスが書いた「ヒエロニムスの生涯」は、彼の研究の最高傑作であり、この聖人にまつわる奇跡、伝説、あり得そうもない禁欲主義的物語から、真実のヒエロニムスを解放する最初の本格的な試みだった。[32]エラスムスはヒエロニムスを彼の批評家から擁護し、彼の英雄の戦いすべてを繰り返し戦い抜いて一一世紀後の彼自身の批評家から自らを守った。『校訂新約聖書』の序文には、『ヒエロニムス著作集』の序文と同じ精神が息づいており、同一の議論が繰り返された。エラスムスが賞賛したのは、ヒエロニムスらしい精神であり、彼の学問観であった。すなわち、学識があって、機知に富み、原語についての知識と歴史的想像力によって輝かされ、教義主義と権威主義に左右されない意識であった。ヒエロニムスのように、エラスムスは（彼の言葉で言えば）「なりふり構わず」、「無謀なまでに」仕事に取り掛かった。両人とも、学問の細部では細やかというよりも大胆であった。しかしこのことは、彼らの性格が似通っていることを意味しない。ヒエロニムスの断固とした禁欲主義と激しい精神的緊張は、エラスムスには全く異質であった。特徴的なのは、彼がヒエロニムスの夢にほとんど関心を持たなかったことである。彼は、そうしたことは重要ではなく、人生を変えるようなものでもなかったと語った、聖人の後年の言葉を額面通りに受け容れた。エラスムスが、ヒエロニムスのようにぼんやりと夢を見たとは到底思えない。しかし重要なことは、エラスムスが、ヒエロニムスが彼の時代に行なったことを自分の時代で行ないながら、自分をヒエロニムスの精神的後継者であると感じていたことだ。つまり、異教徒たち自身が発展させた、最も優れた批判的・言語学的手段を用いて、古典文化と関連づけ、キリスト教の伝統を復活させ、純化させることである。(33)

しかしエラスムスは、ヒエロニムスにはないものを持っていた。それは学問の限界に対する感覚であり、これがわれわれの第三の見解である。これまで彼ほど熱心に、長い間、学問によって世界を救済するために努力した者はいない。しかし、彼ほど救済の道としての学問の限界を鋭く実感していた者もいない。彼の著作の中で最も有名な『痴愚神礼賛』ほど、器用にそして愉快に学者を風刺した作品はない。痴愚神たる女神はあちこちで、知識人に共通して欠けているあらゆる特性（そしてエラスムスは自分には足りない点が多々あることを知っていた）を賞賛する。それは自発性、反省のない率直さ、突発的な着想や行動などである。あるときなど痴愚神は、著者自身の風刺をさえやってのけた。「さあ、賢者と愚者の定めを比べてみましょう」、と彼女は言う。賢者とは、「学問を追究する過程で、自分が過ごした幼年時代と青年時代を完全にすり減らした人です。その人は、人生の最も喜ばしい時期を浪費しました。祈祷のための不断の徹夜や心配事、勉学欲で。常につましく無一文で、惨めで質素に。自分に対して不公平で厳しく、他人に対しては不機嫌に。顔色悪く、体の歪み、病弱、目の炎症、早熟、白髪などに悩み、定められた寿命前の死去。……そうした人が亡くなったからといって、なんのことがありましょう。彼は全く生きていなかったのです。」

その少し後に、痴愚神は他の少数の学者たちを啓発するために、「著作を出版することで名声を追い求める」人たちを罵った。「彼らは付け加え、改変し、なにがしかを消去し、それを元に戻し、自分たちの仕事をやりすぎて、それをねり直し、それを友人に見せ、それを九年間も保持する。だが、彼らは決して満足したりはしないのです。」学んだ知恵とは愚かさのことであったが、それを吹き飛ばして、話し手は、より高次の愚かさが、真に知恵であることについて語り続ける。「概してキリスト教は、この種の愚かさと類似しているかのようです。そしてそれは賢さとは全く無関係のようです。」宗教をこの上ない楽しみとするのは、「子ども、老人、女性、そして愚かな人」である。「驚くほど純粋な単純さを備えた最初期の宗教の創始者は、文芸的学問の最も辛辣な敵でした。」(34)

これらは、真面目さを隠した陽気な言葉であり、自分の召命を重く受け止め、自身を軽んずる者の言葉だった。維持するのはもちろんのこと、描写するのも大変な精神状態である。「人々は私に、どうしたら学識が聖書理解を助けてくれるのかなどと聞いてきます。私はどうして無知が聖書理解を助けてくれようかと聞き返します。(35)」キリスト教的学問の仕事のために自分自身を心の底から捧げているからといって、学問が人生のすべてであると信じているとは限らない。またその人が知識人の仕事の、より人間らしい、滑稽な側面を見ているとしても、彼が自分の召命への信念を失ったことを意味しない。友人のトマス・モアは、ローマ教皇を頂点とするキリスト教徒の統一の大義名分のために、教皇側の主張が歴史的発展の産物であることを学者として分かっていたにもかかわらず、命を捨てた。ある大義のために生きる人もいるし、死ぬ人もいる。それでも、この問題には別の側面があり、別の側面を選ぶ人々を尊重することを忘れないようにしなければならない。エラスムスはキリスト教的学識者としての自身の召命が、重大かつ重要であることを知っていたが、その中にある僭越さ、すなわちすべての人間的抱負を汚し、愛する神をしばしば慰みものにしてしまうであろう僭越さについても理解していた。一言で言えば、彼は知識人が、世の中に必要な存在であると同時に物笑いの種であることを、良く分かっていたのである。

このことが「エラスムスの心にユーモアの光が差したときに初めて、それが真に深いものとなる」[36]というホイジンガの寸評の意味である。アレンが指摘するように、エラスムスの学者的業績は、聖書や教父に関する近代的批判研究の基盤として、その中にしっかりと組み込まれているが、それは深く、基底部分より下の目に届かない部分に据えられている。[37]彼のペンから生まれ、今日も生き続けているものは、彼が息抜きのために片手間に書いたそれほど真面目でない作品、すなわち『痴愚神礼賛』、『天国から閉め出されたユリウス』、『対話集』である。おそらく、『キリスト教兵士の手引き』もまた、こうした仕方で書かれたものの類、つまり学者の「付随的諸見解」(*obiter dicta*) の中に含めるべきであろう。これらは厳密に言えば「学者的業績」ではない。近代の大学であれば、それらは著者の昇進を後押しするものとはならなかったろう。しかし、それらは学者によってのみ書かれ得るもので、真面目な著作の中では表現することが不可能な、著者の最も深い識見のいくつかが、こうした自由と辛辣さをともなういっそう軽快な著作の中で明らかにされたのである。例えば、エラスムスには、ヴァッラを模範としながら、使徒の時代においては単純な組織だったキリスト教の共同体と、権力を有し富を蓄え高度に制度化された同時代のローマ・カトリック教会との間の多くの相違点について、学識ある歴史的批評を書くことも可能であった。しかし、戦士たる教皇ユリウス二世が、天国の門に現れ、キリストの代理人として傲慢な態度で中に入れろと要求し、門番である漁師シモン・ペテロに身のほどを思い知らされている場面を想像することは、いっそう効果てきめんであった。その対話（エラスムスは断固否定したが、実際は彼がその対話を書いた）は、鮮明で痛快で、自由奔放なユーモアと風刺に彩られているが、議論の材料は、著者の学識の産物なのである。そこでペテロは以下のように述べている。「もしも教会がキリストの霊によって共に繋がっているキリスト教徒の集まり全体を意味するとすれば、私は、あなたが教会を変えてしまったのではないかと思います。」これに対して教皇は、「私は教会を司教座教会、司祭、とりわけローマ教皇庁と呼ぶ。それは私が教会の頭であることを意味するのだ(38)」と答えている。書物のまるまる一冊を費やしたとしても、エラスムスが鋭く批判した当時の教会に、こうした主要な二つの見方が混在していたという事実を、これ以上にうまく説明することはできず、生涯彼はこれにこだわった。

このことは、キリスト教的学識者としてのエラスムスに関するわれわれの最後の見解へと導く。すなわち彼は、彼の召命に対して、強い責任感を抱いていた。それは第一に、学問は常に生き方と関係しているべきだということを意味する。エラスムスにとって学問とは、コレットと同じように、目的達成のための一手段であり、決して目的そのものではない。彼は自ら身を置く社会問題と関連づけることなしには、福音書やヒエロニムスを一行たりとも読むことができなかった。彼は、例えば、白くぬった墓についての「マタイによる福音書」（二三・二七）を読み、次の一節を書き留めた。「もしヒエロニムスが、聖別されたキリストの体……、あるいは本物の十字架の断片……と同じくらいに敬意を払われながら、金銭のために見世物にされた聖母マリアの乳を見たら、何と言うだろうか。」彼は、「キリストの哲学」と全く相いれないとの理由から戦闘を嫌った。彼は、福音書のギリシア語版を復元するということは、この「哲学」をあらわにすることだと判断したが、このことは不可避的に、社会を告発することになり、自らの闘いともなった。同様にエラスムスが非難し、嘆いた、他の制度や実践についてもそうなった。あいにく彼は、しばしば聖書から中世のスコラ学者が神学的命題を引き出していたように、道徳的教訓を即座に引き出した。しかし、概して彼の聖書解釈においては、彼の時代の誰とも同じく、歴史的理解と道徳的適用との間に良識的な均衡を保っていた。

学問の責任とは、研究の成果を同時代の必要性に結び付ける義務のみならず、可能な限り多くの聴衆に向けて発信する義務をも意味する。このことは、われわれが見てきたように、比較的新しいことであった。中世末期の社会において学問は教会の独占物であり、研究は少数者の専権事項だった。一握りのスコラ学者たちが、互いのために神学用の専門的なラテン語で執筆していた。イタリアにおける古典学芸の復興運動（ルネサンス）は、それまでのスコラ学の運動と同様に大衆的でなかった。確かに、ヒューマニストたちのほとんどが俗人か世俗的な意識を持つ聖職者だったが、彼らはスコラ学者同様、学問に対してマンダリンのような保守的な態度をとった。一五世紀のヒューマニズムには知識をひけらかす俗物性が広く見受けられた。多くのイタリア人ヒューマニストは大衆の詩人であるダンテを軽蔑し、多くのイタリア人パトロンは彼らの写本から成る個人的な書庫に印刷本を入れることはなかったものだ。われわれは、ピーコ・デッラ・ミランドラのエソテリシズムと知的自尊心の中にいくらかの俗物的性格を垣間見てきた。彼の友人であり、当時最も洗練されたラテン語学者であったポリツィアーノは、ピーコが「自分は大衆ではなく、知識人のために書いているのだ」[39]という理由で、あえて難解な古典ラテン語で執筆していたと述べていた。

エラスムスも、彼の「下層大衆」（*canaille*）に対する嫌悪、優雅趣味、無知に対する反感などの点で、貴族主義的ヒューマニストとしての側面を少なからず備えていた。彼は、かつて助言したこともあったように、少数の人だけがラテン語、ギリシア語、ヘブライ語を習得するための時間や余暇を享受するであろうことを知っていた。自分の『校訂新約聖書』を弁護するとき、彼はそれを「群衆のためではなく、知識人のため、特に神学を志す者のため」に書いたのだ、と述べた。しかしまた、彼は自分が身分の低い出自で、困難を乗り越えて一人前の学者になったことも忘れなかった。自分の貴族趣味と戦った彼は、強い民主的傾向も持っていた。古典文学の美しさは、限られた学者だけに独占させておくべきものではなかった。（最初に世間的に好評を博した彼の著作は、一般の娯楽や実用向けにギリシア・ラテン文学から抜粋された『格言集』だった。）もはや福音書や使徒書簡は、神学者が自分用に保持するものではなかった。彼の『パラクレーシス』にある有名な一節、即ち『校訂新約聖書』の序文には、次のように書かれていた。「私は、聖書が無学の人々によって、彼らの言葉で読まれてはならないと考える人々には、全く反対です。それではまるで、キリストの教えがあまりにも不明瞭で、少数の神学者にとっても理解困難であるとか、キリスト教信仰の強みが、キリスト教に対する人間の無知に由来するなどと言わんばかりではないですか。私は、か弱い女性も福音書やパウロ書簡を読めば良いのにと思います。また私は、これらがすべてのあらゆる言語に訳されることを願います。そうすれば、それらはスコットランド人やアイルランド人のみならず、トルコ人やサラセン人によっても読まれるでしょう……。私は、農夫が自分の畑で聖書の一片を歌い、織物職人が機織りの音に合わせて聖書の一句を口ずさみ、旅人が聖書の物語を聞くことで旅の疲れを癒してくれたらと希望します。(40)」エラスムス以上に「聖書は偉大である」こと、そして学者でない人々にこれを開放するのは危険であることを理解している者はいなかった。しかし彼は、キリスト教の強みが、キリスト教についての人の無知に存しないという考えを受け容れた。学識者には重い責任があり、キリスト教の真理を掘り下げ、純化し、それによって一般の人々は救済される。新約聖書のギリシア語版を紹介し、それがあらゆる民衆言語に翻訳されることを願っていると言いながら、彼はキリスト教的学識者と一般信徒の関係について決定的な言葉を述べた。「学者でありうる者はわずかだが、キリスト教徒でありえない者は一人もいない[41]」、と。

エラスムスが記した、最も「エラスムスらしい」であろう言葉として、彼はかつて以下のように述べた。「(聖書の) 奇妙でしばしば混乱した言葉、また演説での比喩や婉曲的な表現は、大変難しいため、私たちはそれらの意味を理解するために汗水たらして努力しなくてはなりません。私は、敬虔さと学識を備えた数人の人々が、福音書の著者や使徒が記した最も純粋な原典から、または最も信頼のおける翻訳から、学問的に適切な範囲で簡潔に、意味を損なわない程度に簡潔に、キリストの哲学の真髄を抽出する仕事を担ってくれるのであれば、素晴らしいことだと思います。」その作業の成果は、否応なく人々に支持されるだろう。なぜなら「最も大きな力は、キリスト教の真理なのです[42]。」ここに「貴族」(*aristoi*) 的指導力と真理の力に関するジェファソン的な考えを読み取ることができよう。これこそエラスムス最善の真骨頂であった。しかし、一五一八年の困難な世界で、誰がこれら「敬虔と学識」を備えた人々を選ぶことができるのか。そして彼らは自分たちが与えられた仕事に値することを証明するだろうか。一六世紀初頭の不安に駆られたキリスト教徒は、その結果が出るまで我慢できるであろうか。そして彼らはその最終結果を「キリスト教の真理」として受け容れるであろうか。エラスムスがこれらの言葉を書く一〇か月ほど前、ヴィッテンベルクの小さな大学都市において、無名のアウグスティヌス会修道士が、討論のために、贖宥状に関する「九五か条の提題」を提示した。突如として世論の前に現れることとなったこのドイツ人の聖書学教授は、キリスト教的学識者とその召命に関する全く異なった概念を展開したが、それはヒエロニムス以上にアウグスティヌスを想起させるものであった。

第四章　ルター

エラスムスの『校訂新約聖書』が、一五一六年三月に、バーゼルにあるヨハン・フローベンの出版社から刊行された。同年八月までには一冊が、ヴィッテンベルク大学の神学部の若手教授の一人だったルターの手元に届いた。彼はフランス人学者ルフェーブル・デタープルの聖書に基づいて、パウロ書簡「ローマの信徒への手紙」の講義を行なっていたところであった。彼は最初の八章まではデタープル版に基づいて講義したが、第九章からは、エラスムスの聖書を用いた。六年後、ドイツ語で新約聖書を訳すことになった彼は、エラスムスのギリシア語版を底本として使用した。

ルターは、同時代の学者たちの典型例であったといえる。学者たちは、彼らの着想をエラスムスから得ているか、彼の仕事に依拠しているかのどちらかであった。次世代の主要な宗教指導者のほぼ全員が、エラスムスから何らかの恩恵を受けていた。大司教クランマー、司教ジョン・フィッシャー、トマス・モア。チューリヒの改革者ツウィングリ、ストラスブールのマルティン・ブツァー、ジュネーヴのジャン・カルヴァン。枢機卿たちのコンタリーニ、(ヤコポ・)サドレート、そして(レジナルド・)ポール。イタリア人、スペイン人、フランス人、ドイツ人、ポーランド人、そしてイングランド人の中に、エラスムスの愛読者や信奉者がいた。彼らがエラスムスの研究から得たものは、当然のことながら、しばしば本人にも思いがけないものであった。ある者は憤慨した。ある者は自分たちの信仰の基盤をなんら侵害されることなくそれを享受した。ある者はキリスト教的ヒューマニズムに転向した。ある者はいっそう急進的な改革へと駆り立てられた。例えば、トマス・ビルニーは、新しいラテン語訳が「雄弁になされた」[1]という評判を聞いただけで、即座にエラスムスの『校訂新約聖書』(一五一六)に魅了され、それを読んでいる間に回心して改革者となった。読者はエラスムスを銘々勝手に解釈できたが、彼を無視することはできなかった。

ルターが一五一七年一〇月三一日に「九五ヵ条の提題」を発表してからの二年間、ほとんどのヨーロッパの知識人は、この若いヴィッテンベルク大学教授を新手のエラスムス主義者として分類しようとした。提題の発表から六か月後、マルティン・ブツァーがルターの第一印象についての友人に次のような書簡を書いた。「彼はあらゆる点でエラスムスと一致しているばかりか、次の点においてより好ましくあります。それはエラスムスが遠回しに示唆している内容を彼は公然と自由に教えていることです。……ヴィッテンベルク大学ではギリシア人の著作やヒエロニムス、アウグスティヌス、パウロが公然と教えられており、彼はあらゆる一般的な教科書を廃棄してしまいました(2)。」ルターは、学芸の復興、あるいはおそらくキリストの哲学に対する人間の無知を攻撃し、教会の腐敗を非難するエラスムスその人によって触発された、別の種類のキリスト教的ヒューマニスト、もう一人の学者肌の改革者に過ぎないかのように見えた。このことが話のすべてであるとするならば、われわれはこの研究でルターに章を割く必要はなかろう。われわれはエラスムスの時点で止めることができるし、次のように述べることさえできるだろう。つまり、ここに宗教改革の時代の一人のキリスト教的学識者とその活動の原型があった、他の同類の人たちは、この原型から創造されたのだ、と。

　われわれがこうした見方をするとしたら、問題のどういった側面を見落とすことになるのか。この点を明らかにするために、まずはこれと類似する問題を急いで検討しなくてはならない。つまり、ルターがエラスムスにどのような感情を抱いていたのかという問題である。当初からルターは、校訂者であり改革者であるエラスムスを賛美する思いと、神学者でありキリスト教徒であるエラスムスへの疑念との狭間に立って悩んでいた。彼がエラスムスの新約聖書を使い始めてからわずか数か月後、彼はエラスムスにはパウロの律法、罪、恩寵の解釈に対する理解が十分ではないとの結論に達した。「ローマの信徒への手紙」（一・一七）に関するエラスムスの二つの長い注解を読めば、ルターの真意を漠然とながら理解できる。一つ目の注釈の冒頭では、ギリシア語の「信仰」に完全に合致するラテン語が存在しないことが述べられている。これに続いて、ギリシア語とラテン語の両方の、あらゆる種類の複合語において、言葉が持っているであろう、多種多様な意味合いの微妙な差異についての長い解説が続く。次に、動詞の「生きる」は未来形に変換させるべきとするヴァッラの見解が紹介され、その論拠を支える実に多くの例が示されている。最後に、ヴァッラにはあまりにも神学的であろうが、ルターにとっては取るに足らない次の簡潔な見解で締めくくられる。「「信仰によって」という場合の前置詞「によって」は、「起源」を意味している。ここにおいて生がその始まりを見つけるので、われわれは人間的感覚を押し隠して、神の言葉を信じるのである。これは哲学者とは反対のことを言っている。(3)」

ルターはエラスムスのヒエロニムスに対する情熱に共感できなかった。「エラスムスは、ヒエロニムスをアウグスティヌスより優れていると考えているが、私は劣っていると思う」、と彼は書いた。ヒエロニムスは「聖書を歴史的判断以外には見ていなかった」のであり、ルターは、エラスムスが、アウグスティヌス以降ほぼすべての解釈者によってなされ、聖書を殺すことにもなる文字通りの判断に頼って聖書を解釈するという方法を、あまりにも一般化してしまったのではないかと恐れた。(4) 一五一七年の春、日々エラスムスに対する評価が下がっているかと、彼は書いた。「私は、彼がキリストの大義と神の恩寵を十分に称揚していないのではないかと心配している。……ギリシア語とヘブライ語を知る者は皆、五言語を操るヒエロニムスは、一言語しか使えないアウグスティヌスよりも優れていると見なす。私はそんな人を、賢いキリスト教徒とは見なさない。たとえエラスムスが自分を優秀だと思っているとしても。(5)」

贖宥状についての討論が開始されて以降、ルターはエラスムスに対する自分の感情を表に出さないように注意を払った。エラスムスの敵であり自分の敵でもある（と彼が見なしている）無教養人や蒙昧主義者を刺激することを恐れたからだ。加えて、彼は自分の学識と才能を「並み程度」だと評価していた。しかし、彼の秘められた疑念は消えず、今やその理由はいっそう明確になってきた。つまり「文法学者ではなく神学者として語らせてもらえるのであれば、エラスムスが知っている多くの事柄は、私にはキリストについての知識とは全く関係ないように思われる。それ以外の点では、彼よりも学識があり才能に富む者はいない。彼がとても賞讃するヒエロニムスでさえ、彼には及ぶまい。」ルターにとって学問は、明らかに文法、学識、才能以上の何かであった。シュパラティンがルターに聖書を勉強する方法を尋ねた際、彼は「聖書は勉学や才能によって修得されるはずがなく」、祈りと霊感次第であることをまず始めに心に留めておくべきだと答えた。「あなたは自分の努力や能力を完全に放棄し、ただ聖霊の到来に頼るしかない。」単純な聖書の物語を心の中に記憶させていく間は、ヒエロニムスが助けとなるはずだ。しかし、キリストや神の恩寵を理解するためには、寓意的解釈をやりすぎたヒエロニムスよりもアウグスティヌスやアンブロシウスの方が、より良い導き手になるのである。(6)一年後もルターは依然として、かねてから支援を依頼していたエラスムスを温かく賞賛し尊敬する書簡を書くことができていた。「それ故、親愛なるエラスムスよ。宜しければキリストの中にあるこの小さな兄弟のことをもご記憶ください。その無知のために隅に縮こまり、あなたの太陽や気候に馴染みがないとしても、その者は確かに大変熱心なあなたの友人なのです。(7)」

二人の間に立って両者を結び付けていたのは、フィリップ・メランヒトンである。輝かしく若い学者であった彼が一五一八年にヴィッテンベルク大学のギリシア語教授に就任する際に、ルターは助力を惜しまなかった。メランヒトンは二人に仕え、しばらくの間、両者の間の亀裂が広がるのを抑えていた。ヴォルムス帝国議会の後、エラスムスが福音主義陣営に加わるのを拒否すると、ルターは次第にいら立つようになった。一五二三年に、彼はエラスムスをモーセと比較した。「彼はなすようにと命じられたことをやり遂げてきた。彼は神のいない学問から言語学へとわれわれを導いた。おそらく彼は、モアブ高原でモーセと共に死ぬであろう。彼は敬虔と関係のある、より良き学問の道に足を踏み入れないからである。私は彼が聖書の注解と翻案の執筆をしないようにと切に願う。彼はその任務に値しないからである。……彼はわれわれに十分悪を示してきた。彼にはわれわれに善を示し、約束の地に導くことはできないと思う。(8)」

一五二四年の春、ルターのもとに、エラスムスが自分と袂を分かつ準備をしているとの知らせが届いた。彼はエラスムスに厳しい手紙を書き、攻撃的な文書を公にしないように強く迫り、彼の臆病さに皮肉交じりの侮蔑を浴びせた。ルターは、エラスムスには「神の賜物が並み程度」しかないと述べ、「私は、あなたがわれわれの陣営に合流できるように、わずかでも居場所を確保しておこうなどとは、考えたこともなかった(9)」と付け加えた。一五二四年と一五二五年には、エラスムスの『自由意志論』とルターの『奴隷意志論』が出版され、論争が繰り広げられた。両著作の冒頭では、キリスト教の真理の問題に対する態度と、それを会得するための方法とが、はっきりと論じられていた。「恐らく、聖書のうちにある数ある難しさの中で、自由意志の問題ほどのラビュリントスのごとき難問はないであろう」と、エラスムスは語り始める。彼は、ルターの見解に対する自らの短い論考が「真理の進歩に寄与する」ことを願い、「私は独断的主張をほとんど好まないので、私が教会の命令を正しく理解しているかいないかは別として、いつも私が心から判断を委ねている聖書の神聖な権威と教会の諸教令に背くのでなければ、すぐにでも懐疑派の徒の側にはせ参じたいと思うほどである[10]」と、述べる。ルターはこれを取り上げ、返答として恐るべき言葉を発する。「ご説を片付けろ。お前はキリスト教信仰も片づけてしまうだろう。」「聖霊は懐疑論者ではないのだから」、聖書のある箇所（*places*）が不明瞭であっても、そこに書かれた大事な事柄（*things*）においてはそうではない。明敏な心には、聖書の意味は日中の明るい光の如く単純明快、明々白々である。神ご自身は理解不可能かもしれないが、御言葉はそうではない[11]。辛辣な書簡のやりとりが続いた。ルターの書簡は失われたが、エラスムスの書簡は残されている。「おそらく君は、他では神の取り分以外のすべてを要求するのに、今は自分が弱き罪人であるという君自身の告白にすがっている……。君がかくも感嘆すべきほど、君の持ち物にご満悦でなければ、君のためによりいっそうの仕合せ（disposition）をお祈りするのだが[12]。」

ルターの気持ち（disposition）は――少なくともエラスムスに関しては――その後数年は改善しなかった。ルターの『卓上語録』にはエラスムスへの言及がみられるが、彼はときには即興で、ときには熟慮のうえで、激しい言葉を次々に投げつける。エラスムスは、曖昧、軽率、不信心の「極悪人」で、「最大限の嫌悪に値する。」彼は「キリスト教という宗教が喜劇か悲劇のようなもので、そこで演じられた事柄は全く非現実的なものとして描かれ、道徳的訓練のために考案されたものだと思っている。」「エラスムスにとって、それはただの訳である。彼は決して真面目には取り組んでいない。」「彼は文法学を発展させた分と同じだけ、福音書を傷付けた……。私がまだ若ければ、ギリシア語を完全に修得した後、（新約聖書の）別の版を刊行するのだが。」(13) この頃すでにエラスムスは、ルターに関する最後の、最も有名な言葉を述べていた。「イタリア人たちの間では……純然たる異教主義であったヒューマニズムの精神が、高貴にもキリストを祝賀し始めた。……見よ、私がこれらの怪物たち（学問の敵）と決死の戦いを繰り広げていると、突然ルターが立ち上がり、争いのリンゴをこの世界に投げ入れたのだ。」(14)

エラスムスとルターで論議された問題は、キリスト教的学問の範囲を定めようとする重要な試みの、まさに核心である。大まかに言えば、アレンが指摘するように、エラスムスは無知に、ルターは罪に関心があった。(15) ある者はやや大げさに、エラスムスはキリスト教徒に向かう学者で、ルターは学問に向かうキリスト教徒であると言うだろう。ルターは最初にエラスムスを二つに分けてしまい、学者エラスムスを受け容れ、キリスト教徒エラスムスを拒絶した。後にルターは敵対者を再び統合し、学者とキリスト教徒の双方としてのエラスムスを拒絶した。ルターは、エラスムスの研究は、彼がキリスト教を誤解したために、無効となったと考えていたのである。当初ルターは、『校訂新約聖書』に示されているエラスムスの学問的態度や専門知識に少なからず敬意を払っていた。数年経つと、彼はすべての仕事を最初からやり直すべきであると確信した。言い換えるならば、彼はキリスト教文献の意味を字義的、歴史的文脈から理解しようと努める、少数の文法学者や歴史学者が、明らかに害を及ぼすであろうと信じるようになった。「エラスムスは中身のない馬鹿者で、汚れた奴だ。(16)」ルターは自分を文法学者ではなく神学者と見なしていた。彼がキリスト教学の範囲と役割を定義するように求められたならば、彼がどこに手本を求めるのかは明らかであった。「著述家の中でヒエロニムス以上に憎悪に値する者はいない。彼はただキリストの名前を知っていたにすぎない。……彼を熟読していたシュタウピッツ博士は、「どのようにしてヒエロニムスが聖人となったのか心底知りたいものだ」と、よく言っていたものだ。……ヒエロニムスはエラスムスのようなおしゃべり屋で、大声で話そうと努力したが失敗した。彼は読者にあれこれ約束するが、何も与えない。……アウグスティヌスは、想像ではなく理解しようとする理性の人であり、しっかり教えてくれる。彼は、使徒の時代以降の著作家の中で、最良の神学者である。(17)」人は生まれ変わらない限り、キリスト教的学識者の王国に入ることは決してできない、とルターは言ったであろう。エラスムスは部外者だった。新約聖書は単なる戯曲、道徳劇にすぎず、「彼」エラスムスには救済する神の恩寵の良き知らせを宣言する神の御言葉ではなかった。ルターにとって、学者エラスムスの偉大さは、キリスト教徒としての彼の姿形によって損なわれた。

しばらくの間、この見解がエラスムスにとって妥当で公平であるなどと無理して決めつけず、両者に批判的な立場からそれを検証していこう。ルターは真理の発見に存在論的要因を主張していた——キリスト教史の様々な時期に強力な根拠を見出しているという主張だが。第四福音書のユダヤ人は、「この人はきちんと学んでもいないのに、どうしてこれほど聖書に通じているか」と問う。イエスは答えていう。「わたしの教えは、自分の教えではなく、わたしをお遣わしになった方の教えである。この方の御心を行なおうとする者は、わたしの教えが神から出たものか、わたしが勝手に話しているのか、分かるはずである。」(「ヨハネによる福音書」七・一五—一七)アウグスティヌスは、自分を委ねることが知ることへの第一歩であることに同意していた。つまり「信じないのならば、理解できない」のだ。パスカルは、架空の聴衆に対して、神が存在しているのか、いないのかのいずれかに賭けなくてはならないのだと迫りながら、「そうだ。それでも君は賭けなければならない。選択の余地はない。君はその船に乗っている」と述べている。彼の最も有名な著作『パンセ』には、「神を知るということは、神の愛から非常に遠く離れている」[18]とある。意外にもこの主張は、世俗的な共産主義者の知識人たちの闘争の中で繰り返された。彼らの主張では、いわゆる客観的な学問はすべて、無意識の階級的偏見や——党にしたがうならばその教義が真実だと認めるべきだとする——マルクス主義者の信条に反しているために、堕落している。近代物理学のような厳格な原理原則でさえ、純粋な観察など不可能であると結論づけた。観察者は皆、観察する現象の中に必然的に巻き込まれる行為者であり、観察は働きかけでもあるからである。心理学や生物学から化学や物理学に至るまで今日の科学の基本となる認識論は、認識過程で不可避的に伴う主観性重視のルターに近いのだが、それはイエスの真実の思想や言動を時間的、場所的に遡って理解するために入念な研究を行なうエラスムスも同じことである。エラスムスは、その地点から同時代の歪みや退廃を新たな視点で捉えるための精神的な展望を手に入れるためにも、一世紀のパレスチナに戻る、すなわち時代をさかのぼってキリスト教誕生の地、すなわちキリスト教徒の誕生の地を訪れることを推奨した。しかし人は、それぞれ全く違ったやり方で誕生の地を訪れるであろう。例えば、ある者は数十年ぶりにそこに戻る家族の一員として、半ば忘れかけた楽しい、郷愁的な追憶に駆られて、故郷を訪れる。またある者は、墓碑から史実を収集する科学的な歴史学者として、こぼれ話や死者たちの逸話を集めるために働く、好奇心の強い新聞記者として、そこを訪れるだろう。これ以上困難で曖昧な類似性を強調するのはやめにして、次にルターがエラスムスの学識に関する急所を突いたことについて端的に述べよう。

他の学者を動揺させる指摘をした者が、学者であるとは限らない。そもそもルターは本書の検討の対象なのか。エラスムス、メランヒトン、クランマー、カルヴァンらは疑いなく「学者」であったが、彼もある意味ではそうと言えるだろうか。

これらの問いを肯定してくれるかのような事実がある。宗教改革は学識者の運動、学界における事件、大学のスキャンダルとして、一人の大学教授によって始められ、彼の同僚や学生がそれを広めた。ルターが贖宥状に関する提題を提示したとき、彼は神学博士で聖書学の教授だった。コレットのように、彼は日々数が増えていく熱心な学生に向かって、聖書の講義を行なってきた。また彼は、かつてヴィッテンベルク大学でスコラ学について討論をしたように、今回も神学の問題や教会の慣行をめぐる、紳士的にアカデミックな討論をするつもりでいたのである。彼の改革の動機の一つは、三、四年ほど前、聖書に関する講義ノートをまとめながら、「ローマの信徒への手紙」第一章のパウロの本当の意図を理解しようと努力していた最中の宗教的体験であった。大学の同僚、すなわち神学部のヨハン・ラング、カールシュタット、アムスドルフ、法学部のシュルフ、シュターヘリンは、聖書に対する彼の新しい見方に賛同した最初の人たちだった。教会の扉に提題を提示する頃までには、彼はすべての同僚たちから実質的な支援を受けていたため、彼の行動は、実際には「組織的行動」だった。[19] スコラ学に対する彼の攻撃の最初の成果は、ギリシア語とヘブライ語の十分な教育を提供する目的で行なわれた、一五一八年春のカリキュラム改革（と、メランヒトンを学部に招聘するための運動）だった。その後の三年間でヴィッテンベルク大学の入学者数は急増し、彼の著作に加えて、彼の教えを受けた学生たちが、すぐに彼の考えの普及者となった。学生の一人は次のように書いた。「私は、神様のお導きのおかげで、キリスト教を正しく学べるであろう場所、真に聖書を理解する人間だけが生活している場所にいることを、幸せに思います。[20]」レオ一〇世は、贖宥状を巡る議論のすべてを、修道士論争だと思っていた。しかしおそらく、アカデミックな騒動と呼んだ方がいっそう適切だった。一つ明らかなことは、ルターが正式の教育を受けていない預言者でも魔術者でもなく、洗礼者ヨハネでもムハンマドでもなかったことだ。イグナティウス・デ・ロヨラは、回心の後に教育を受けなければならなかった。ルターは、博士号取得の後に回心した。彼が突然、皆の前に姿を現したとき、彼は、著名になりはじめた時点でのコレット、エラスムス、カルヴァンよりも、高い学者としての地位と知識を備えていた。

博士の学位を裏づける精神についていうと、ルターを無知の人とする五〇年前のデニフレ神父の強情な主張は、現在では支持されていない。熱心なプロテスタント系の学者たちは、多くのカトリック系の同僚たちが納得するように、ルターがラテン語の古典作品、教会史、スコラ学、神学、彼の時代のキリスト教的ヒューマニズムに関する広範で確固とした知識を持っていたばかりでなく、教父の著作に精通し、聖書に関する驚異的な知識を備えていたことを証明してきた。彼は自分が、ギリシア語とヘブライ語のどちらの言語についても、メランヒトンのような第一級の言語学者であるとは考えていなかったが、両言語を十分に操れるほどの知識を修得していた。彼は、われわれが今日で言うところの非常に恵まれた哲学的・神学的天分、ときには仰天させられるほどの卓越した歴史学的な批判精神（このことは聖書に関する数多くの著書の序文で明らかだ）、桁はずれの記憶力を持っていた。一五一九年のライプツィヒでの論争における彼の演説を耳にした同時代人は、次のように述べている。「ルターは、類い稀な学識を備えている。なかんずく彼は、聖書を暗記してそのほとんどの内容を知っているという、驚くばかりの博識である。彼は、翻訳の善し悪しを自分で評価できるほど十分な、ギリシア語とヘブライ語の知識を持っている。(21)」あらゆる角度から検討して、ルターは「学者」と呼ばれるにふさわしい。

しかし、彼は決して自分を学者と見なさなかった。彼が自著について執筆者としての誇りを抱くことはほとんどなく、自著の一覧もなく、後年、自著を保持してもいなかった。彼はヒューマニストとは異なり、自分の方法に誇りを持たず、メランヒトンと比較するときには、自分の学識について謙虚でさえあった。ルターは晩年、学生にドイツ語聖書とメランヒトンの『神学総覧』を読むことを薦めた。また彼は、学生たちが望むのであれば、彼の「ローマの信徒への手紙」、「ガテラヤの信徒への手紙」、「申命記」の各注釈を読むのも良いだろうとしながら、次のように述べた。「聖書以外にはメランヒトンの著作が最良である。彼の言葉は私のよりも簡潔である。彼は論じ、教えるが、私は冗長で飾り立てた表現で語る。もし人々が私の提言を受け容れてくれるのであれば、私の著作では教義論だけを印刷して欲しい。事態の史的推移の経過を知るために、他の本（注解書）を読むのは有益かもしれないけれども。というのは今ほどは最初は簡単でなかったから。[22]」ルターは、彼の著作を馬鹿にする学識ある人々に、もし「ちょっとした説教」を付け加える自由を彼らが与えてくれる限り、大著を書いてキリスト教世界を救済する仕事は、彼らに残しておいてあげようと、寛大な態度で応じた。[23]

エラスムスが自身の聖書の注解や翻案がいつか純粋に歴史的あるいは伝記的関心の対象となることを見通している姿を想像するのは難しいが、ルターは自らについてこういう自己理解をしていたし、それは主として正しい。エラスムスの『キリスト者の自由』は、現在もなお多くの人々に読まれているが、彼の注解は主に伝記学者や専門家の興味の対象であるにすぎない。ルターのメランヒトンに対する魅力的で愉快な表現のすべてから、学者としての自分の限界に対する思いが、友人の学識に対する尊敬の念とともに垣間見える。自分たち二人は「使徒言行録」の登場人物である、と彼はかつて述べていた。メランヒトンは主の弟ヤコブ、保守的で律法を守ることに意を用いた人物であり、ルターは律法の重みにやきもきするペテロだった。メランヒトンは心配性で、世の中の動向に動揺してばかりいる。他方、ルターは自分は重大な事態にも慌てないと言っている。なぜなら、彼は自身に、このことはお前の能力を超えた問題であり、どうにかできるものではない、放っておくしかないと言い聞かせるからだ、と。彼は些細なことで悩まない。メランヒトンは、あまりに慎重で如才なく、すぐに問題の両面を見ようとし、とても熱心に仕事をする。ルターは「少年のようにしゃべり、悪態をつく」ことは、いっそう良いことだと思っている。彼はメランヒトンのように日曜日に終日仕事をしたりはしない。しかしルターは、メランヒトンが丹念に地道に積み上げた研究成果は、福音主義の信条にとって不可欠なものであると力強く主張した。(24) エラスムスが自身の典型的な学者のイメージを嘲笑した一方で、ルターも若い同僚である愛する友人をからかうことによって同一イメージを笑った。ルターは自分の欠点を容赦するような人物では決してなかったから、自分のことを学者特有の罪や弱点に悩まされる程度の学者とは全く考えていなかったことが、引き出されるべき結論だと思う。

このことは、自身の召命と使命についてのルターの自己認識に関する根本的な問いを提起する。もともと彼が自身を学者と見なさなかったとすれば、どのように自分を理解していたのであろうか。彼個人の運命における展望の中で、いくらかでも学問の果たす役割があったとすれば、どのような役割なのか、そして彼はいかにしてその展望を得たのか。これらの問いにわれわれは適切に答えることができない、と予めお断わりしておこう。答えの材料が十分に揃っていないわけではない。後年のルターが自分について寡黙であったことは確かだとしても。問題は、歴史的文脈に即して彼の自己についての発言を解釈する方法を見極めなくてはならないということである。ルターの時代には、学者と教師、預言者と説教師という語の意味は、今日のわれわれが思うほど明確ではなかった。三〇代のルターは、言うに言われぬ誓言に従いながら、教会や国家の最高権威に逆らい、神が導いてくれているという究極の確信のみに支えられて、ときには彼の有名な「試練」（*Anfechtungen*）、すなわち疑念や絶望の苦しみに耐えながら、未知の道を歩いていることを痛切に自覚していた。一年——あるいは一か月さえも——と彼の自己認識は、必ずしも続かなかった。エラスムスは緩慢にしかし明確に召命を感じたのであり、それはこれまで見てきたように、かなり正確にそうだったと言いうる。ルターの場合、彼は信仰による義の意味についての啓示を受け、全く突然に、圧倒される形で、神の赦しと恩寵の実感を得たのだが、神がルターにさせようとした意図、あるいはむしろ、神が彼を「通じて」実現しようとした意図を、ある自覚に至るまでには、彼は周辺に起こった一連の長く複雑な出来事を経験しなくてはならなかった。彼に与えられた神の目的が、エラスムスの場合のような明確性と安定性をもって認知されることは決してなかった。恐らくは彼が神の神秘や神の自由に対する鋭い感覚を有していたからであった。

ルターはむしろ晩年になってから、彼個人の召命を感じるようになった。われわれは、彼が三〇歳を過ぎるまで、それが自分のものだと真に感じ得るような重大な決心を一度もしたことがなかったことを思い出さなければならない。ルターが一五一三年か一五一四年に宗教的な啓示を受けるまで、彼のために彼の人生を形成してきたのは他人であった。法律の勉強をするという決断は明らかに父親の意向だった。修道士になると突然決断した後も、彼はすぐに恐怖と後悔の念に襲われた。確かに彼は、後にもそれが自発的になされ、能動的に受け容れられた自らの決心であるとは、決して語っていない。修道院では修練士のときからの慣習として、基本的な決断は精神的助言者や上長たちから与えられた。彼らは彼が誓願を立てる準備が整ったことを彼に伝え、聖職者になる覚悟をするよう命じ、聖職叙任式の日時を定めた（一五〇七年）。一五〇八年の秋に突然、彼はエアフルトを離れて、ヴィッテンベルク大学で道徳哲学の講座を担当するように命じられた。そこで不幸な一年を過ごし――彼は哲学ではなく神学を教えることを希望していた――ロンバルドゥスの『命題集』の講義を行なうためにエアフルトに戻ってきた。一五一一年九月には、彼の人生の中でも決定的で最も重要な決断の一つが、修道会総長代理、賢く心優しいヨハン・シュタウピッツによって下された。彼は、若くて繊細な彼の兄弟がずっと抱えていた魂の苦しみを分かっていた。あるとき、彼はルターを呼び寄せ、言った。「修士殿、君は博士か説教師になりなさい。そこで君はなすべきことを見出すであろう。」翌日、ルターは（彼以前にもトマス・アクィナスがそうしたように）、なぜ自分が博士や説教師になる道に確信が持てないのか、一五の理由を考え出した。シュタウピッツは決して聞き入れようとしなかった。兄弟マルティンは「すべての信徒や教父」よりも賢いとでも思っているのか。ルターは、自分は精神的な戦いに疲れ果て、三か月さえも持ちこたえられないでしょうと述べた。シュタウピッツは、ルターの憂鬱を笑顔で忘れさせようと努めた。「われらの主なる神には、天国での仕事がたくさんある」と彼は答えた。「神は助言者となる、多くの優秀で賢い人々を必要としている。君が死んだら、神の評議会に迎え入れてもらえるだろう。博士号取得者も、少しは神のお役に立てるのだからね。(25)」シュタウピッツは、ヴィッテンベルクで神学部の学生に聖書を講ずる活動的な生き方は、ルターを生かすのか殺すことになるのかと熟考し、やがて彼を生かすだろうとの結論に至った。一年後、一五一二年一〇月一九日の午前七時にルターは博士の学位を受けとり、一週間後（この間は大変な日々であった）、またもや午前七時に、ルターはヴィッテンベルク大学の聖書学の教授として講義を開始した。

ルターが自分の心情について後に語ったことを信じるならば、彼は自分の意志に反し、また召命に対する意識もなく、博士となり教授となったという。それを疑う相当な理由は今のところない。ヴィッテンベルクでの最初の数か月、精神的苦痛は増した。おそらくそれは、ルターが二〇年後に回想することになる対話を、相変らずシュタウピッツと交わしていた頃のことであった。彼は自分のどこがいけないのか、言葉で何とか表現しようとしていた。「私には理解できない」とシュタウピッツは言った。後にルターは「当時の私はこうした「精神的な試練」を経験した唯一の人間だと思っていたし、死んだ人間のように感じていた」と述べている。ある日シュタウピッツは、ルターがひどく落胆している理由を尋ねようと机から身を乗り出した。ルターにいやしくも何かが起ころうとも、そうした試練は必要であるということを、シュタウピッツが知らなかったのだろうか。「もちろん、彼は私を学者と見なしていたし、私が試練を経なければ、高慢になってしまうだろうと考えていた」(26)と、ルターは述べた。この言葉の真意ははっきりしないが、シュタウピッツは、知的自尊心が彼の悩みの根っこにあると信じていたが、ルターの見るところ、それが彼の自分に対する誤解部分なのであった。

この後しばらくして、ルターは、彼の人生を一変させる宗教的体験に遭遇した。一五一三年か一五一四年のある日、ヴィッテンベルクのアウグスティヌス会修道院にある塔の部屋において、彼と神との間で起こった出来事は、それが何であれ、彼が真に自己を意識し、召命を感じる契機となった。彼は、神に支配されることによって、初めて自分自身の主となった。見方によっては、それは宗教的回心であった。別の見方からすれば、それは学問的な発見であった。約三〇年後にそのときの体験について語った談話から、次のことは明らかである。すなわち、彼自身の霊的問題と、パウロ解釈をめぐる学問的課題は、切っても切れないほど密接な関係にある。彼は、自らの「詩編」講義の中で、以下のように語っている。

私は、「ローマの信徒への手紙」の中に示されているパウロを理解したいという欲求に駆られていました。行く手を妨げるものは何もないかのようでしたが、「福音には神の義が啓示されていますが、それは、初めから終わりまで信仰を通して実現されるのです。「正しい者は信仰によって生きる」と書いてあるとおりです」（「ローマの信徒への手紙」一・一七）という一節が、私の前に立ちはだかったのです。私は「神の義」という言葉が嫌いでした。なぜなら私は、罪深い人を罰する正しい神、その神に従ってこれを外形的あるいは能動的な義と見なすスコラ学の認識の下で理解する教育を受けてきたからです。……私はパウロが意味したことを理解できるようにと熱心に望みながら、パウロのこの言葉について一心不乱に勉強してきました。私が昼も夜も何日もこの問題について深く考えていると、神は私を憐れんでくださり、私は「福音には神の義が啓示されている」ということと「正しい者は信仰によって生きる」ということとの二つの表現に内的な関係があることが分かったのです。また私は、この「神の義」とは、正しい人が神の自由な賜物を通じて生きることに基づいた正義であるということを理解し始めました。つまり「信仰による」ということです。そしてその義が「福音に啓示されている」とは、神が私たちを憐れみ、そして「正しい者は信仰によって生きる」と書かれているように、神が私たちの信仰によって私たちを義とすることに基づいた、神の受動的な義であるということなのです。その結果、私はあたかも自分が再び生まれ変わり、広く開かれた門を通って天国に入ったかのように感じました。まもなく私にとって聖書全体が新しい意味を帯びたのです。……「神の義」という言葉を、それまで私はとても嫌いでたまらなかったのですが、今では目一杯の愛をもって、最も愛すべき表現であると褒め称えます。それゆえ、パウロのこの節は、私にとって本当に天国の門となったのです。(27)

「ローマの信徒への手紙」(一・一七)は、コレットにとってはパウロの性格に入るための窓口、ヴァッラやエラスムスには文法上の問題であったが、ルターにとっては聖書の意味全体を理解する鍵となった。現在のような自然主義的、相対主義的な時代にあっては、ルターの思想に起こったことを把握するのはほとんど不可能である。唯一助けになると思われるのは、自然の謎の答えを求めて、長い時間と苦労を重ねる近代の科学者との比較である。それは、あたかもバラバラの断片が奇跡的にぴたりと一つにはまるかのように解明され、突如として理解に至る。これと同じように、ルターは、人は父なるイエス・キリストへの信仰によって救われるのであって、自分の行為によって救われるのではないという彼の真理の発見(discovery:ルターなら「回復」(recovery)と言っただろう)には、「客観的な」何かがあると確信した。同じ実験は他の誰によってもなされうるし、適切な条件が整えば、同じ答えが導き出される。御言葉は、自然に関する本のように「そこ」にあり、検証する人々すべてに開かれている。真実を発見、あるいは回復することは、確かに恩寵の賜物である。しかし、それは夢やお告げといった感覚で捉える「啓示」ではない（ルターはいつもこれらのことを疑っていた）。それは、そうであることを証明することの可能な（ベーマーの言葉を借りれば）「洞察」なのである。

従って、宗教改革の開始について語る最も正しい方法は、それが「一人の学者の洞察」に由来すると同時に、精神的苦闘と大変な知的労苦から生まれたと述べることである。ルターの経験を知る手がかりとしてわれわれが依拠する史料の性格自体が、その点を示している。パウロはダマスクスまでの道のりでの経験をある書簡でわれわれに伝え、また「使徒言行録」では別の説明をしている。アウグスティヌスは完璧な霊的自伝を書いた。ルターの場合、彼が後年、長きにわたって口頭で述べた回想録がわれわれには遺されているが、われわれを助けてくれる当時の書簡や自伝などはない。われわれが頼りとする主な史料は、彼の学問的な文書、つまりページの余白部分が書き込みで埋め尽くされた書の数々、「詩編」、「ローマの信徒への手紙」、「ガラテヤの信徒への手紙」に関する講義ノートなどで、それらは彼自身の手で書かれたか、彼の学生の手で書き留められたものである。この史料のすべてに対して（それらのいくつかは、発見されてから半世紀も経っていない）、新約聖書の原典研究のみがそれに匹敵し得るほどの、詳細な検討がなされてきた。この検討は現在も進行中であるが、われわれは、スコラ学的な思考様式から、恵み深き神による正義、すなわち十字架につけられたキリストに対する信仰についてのパウロの洞察を再現するルターの歩みについて、多くを理解することができる。言い換えれば、われわれは、彼の宗教的発展過程のどこに転換点があったのかという、まさにその問題について、一人の学者の探求の成果から分かるのである。彼の学問的発展と、赦しの確信を求める個人的探求が互いに密接に結びついているがために、われわれにはこのことが分かるのである。ベーマーが言うように、「彼は、恵み深い神を必死に求め始めると同時に、聖書の正しい理解を必死に探し求めたのだ。」(28) これら二つのことは、生涯を通して彼から切り離せないものだった。

このことは、ルターの学問観の核心部分へとわれわれを導く。ルターにとって学問とは、思考から独立した作業などでは決してない。修道院での暗い日々の中で、彼は神の助けのない人間理性に疑いを持ち、自己目的化した学問に恐怖を抱き、その気持ちを決して捨てられなかった。その幾分かは、理性に対する、オッカム主義的な批判に由来する。オッカム主義こそは、かつて彼が徹底的に仕込まれた知的潮流であった。またその幾分かは、アリストテレスから彼の時代のトマス主義者に至るまでの哲学者や神学者による人間理性の過ちに対する見方に由来した。さらにまた幾分かは、赦しを得る方法を知ることと実際に赦されることとの大きな隔たりを理解した、彼自身の内的な経験に由来した。しかしその由来がなんであれ、エラスムスは知性の限界を、善の可能性の限界として理解したのに対して、ルターは知性の中に悪魔的な潜在能力を看て取った。ルターが理性をまるで悪魔の侍女のように扱い、怒りを爆発させていたことは有名で、彼はしばしばキリスト教的反主知主義者に同調しているかのようである。しかし、よりいっそう重視されるべき彼の意見は、理性が神学者にとって役立つのか否か（これはトマス・アクィナスがかなり自信をもって答えた質問である）を尋ねた質問者への彼の返答の中により良く言い表されているように思われる。「悪魔によって汚された理性は有害である。……しかし、聖霊に満ちた理性は聖書を解釈する際に助けとなる。……理性は光に照らされるならば、信仰に奉仕する。それが事物を映し出しているからだ。しかし、信仰がなければ理性は役に立たない。」彼はかつて、漠然とではあるが、哲学者と神学者を混同することの危険性を指摘していた。この混同の結果、人間はなぜ、なぜ、なぜと尋ね始める、と彼は言った。「悪魔が、なぜ、とささやきながらエヴァに近づいたとき、万事休すとなった。[29]」

こうしたことすべては、ルターがエラスムス流には自分を学者と見なしていなかったことを示している。彼は、一人のオランダ人が抱いた全き啓蒙の救済する力、すなわち知識のめぐみに対する確信を決して共有できなかった。カール・ホルは、彼の最も輝かしい論考の一つで、ルターの自分自身と自分の運命に対する認識のあり方を検討した。(30)一五二〇年以降の彼もまた、彼の師と同じように、「お前は何者なのか、お前の権威は何か」という問いを避けることができなかった。心の中で敵対者の問いがこだまとなって繰り返されていたため、彼はいっそう苦しんだ。彼に対抗する組織的、歴史的権威の重さを思いながら、彼はよく「私たちの教父は皆、愚か者だったのか」と自問した。「聖霊は、この終末の時期にお前のもとだけに現れたのか。神はご自身の民が常に過ちを犯すことをお認めになったのか。」彼の答えはいつもこうだった、彼は自らの「務め」を果たしていく過程で、自分の意志に反し改革者になってしまった、と。しかし、彼の「務め」とは何だったのか。「神の恩寵ある教会人」、「ドイツ国民の預言者」、「ドイツの大地の使徒にして福音伝道者」、「神のふさわしからざる証人」など、彼が時機に応じて自身の務めを表現するために用いるこれらの言葉の曖昧さと雑駁さこそが、彼の抱える困難さを露呈している。彼は「自分を仰々しく「預言者」と呼ぶことこそが、唯一悪魔を苛立たせることなのだ」と言っていた。当初彼は、博士という自身のタイトルを「ローマ・カトリック的」であるとしてひどく嫌う傾向にあったが、一五二四年以降叙任されていない再洗礼派との衝突を機に、博士の学位を自分の務めの本質そのものであると強調するようになった。博士において、教会は彼に、ヴィッテンベルクのみならずキリスト教世界のどこでも聖書について論ずる義務を課し、この職責から他のすべてが付いてきた。自らの教授職に対する考え方の中に、ルターは自分の召命を歴史的に根づかせ、そして制度的な意義を持たせるために必要なものを発見した。当時を振り返ると、学位を取得すべきだとするシュタウピッツの主張は摂理的だった。しかしながら、よく考えずにしぶしぶと、最初彼は聖書学の博士そして教授と呼ばれていた。一五三〇年に彼は、「私は博士に、むしろすばらしい博士になるつもりだった。最後の日まで、彼らはこの肩書きを私から取り去らないであろう。私ははっきりとそのことを分かっている」と書いた。そして一五三二年には、以下のように述べている。「私は自分の学位のためにこの世のすべての善を取り去るつもりはない。と言うのも、私が自身に大きく重い責任を引き受けなかったなら、私はこそこそとした説教師のように、召命や命令がなければこの大義を開始しなかったかどうか、と絶望し疑念を抱いてしまうだろうから。しかし今や、神と全世界は、私が学位と説教師の役職を得た後にそれを公的に開始したこと、そして神の恩寵と助力が、私をそこに導いたのだと証言して下さるにちがいない。(31)」ルターは、自らの語る権利が、内的召命のみならず神学の学位にも依っているのだという信念から確信を得た、最初の人でも最後の人でもなかった。

ルターの教授職に対する考え方は、一九世紀のそれとは異なる。彼にとって学位にかかる職責は、説教と教授との両方を含み、彼は両者を決して分けなかった。彼の説教は講義のようであり、彼の講義は説教のようであった。常に彼は、説教壇か教室のどちらかにいる教師であり、同時に説教師であった。彼は執筆する際も、われわれが今日言うところの小冊子と、より学者らしい仕事とを決して区別しなかった。彼のペンから書簡、説教、パンフレット、祈祷の小冊子、注解、そして神学的小論文が、「これは宗教的ジャーナリズムに属している」、「これは学術的分野に属している」、「これは「巨匠の作品」(*Meisterwerk*) だ」などと分類されずに、よどみなく生産された。しかしそれらの作品の中でもある一つの作品だけが、彼自身からも他人からも際立った評価を受けることになる。彼はその作品の改訂と修正に晩年の二五年間を費やした。それは彼が臆することなく誇りとした唯一の作品だった。すなわちそれは、最も偉大なる彼の学者としての業績で、キリスト教的学識者という名声にふさわしい、ドイツ語訳聖書だった。(32)

ルターの発展過程を振り返り、一五二二年までの経歴はすべてこの仕事のための、摂理的訓練であったと解釈することは容易である。つまり、聖書の読解と暗唱に費やされた辛い年月、神の言葉に対する新たな洞察に収斂した回心の経験、ギリシア語とヘブライ語習得のための過酷な訓練、スコラ学的な聖書解釈から自らを解放し、初期の講義に見られるような詩編や書簡の聖書解釈のための新しい可能性を切り開くために、苦難の末に手に入れた勇気、いくつかの詩編や聖書から独立した他の節をドイツ語に翻訳することによって獲得した技量、敏感な耳とドイツ語での講義と説教の絶えざる実践によって獲得された、直接的で家庭的な語り口に対する感覚。ルターはこれらを一気に成し遂げたわけではなかったが、人生の茫漠とした紆余曲折や変転が、神の摂理の下にあることを知っていた。「神はあたかも私を馬であるかのようにお導き下さいました。神は私に目隠しをなさったのです。そのため私は、私のところに誰が走り寄ってくるのかを見ることができませんでした。良き行ないは、計画的な知恵や賢さからは滅多に発せられるものではなく、無知故の予想もつかない考えからすべて起こるものなのです。[33]」ルターは、ヴァルトブルクでの数か月に及んだ強制的な孤独と肉体的無為は、入念な準備を必要とする仕事を始める機会が与えられたということだとはっきりと予見していたわけではなかった。一五二一年一二月一八日、彼はヨハン・ラングに宛てて、復活祭まで身を隠すつもりであるとの書簡を書いた。「その間、私は聖書注解を書き続けるつもりですし、新約聖書をドイツ語に翻訳するつもりです。それは私の友人たちが要求したことであり、君もまたそれに取りかかっていると聞いています。それぞれの町にはそれぞれの翻訳者がいても、唯一この本だけがあらゆる人々の口、手、目、心に届くと良いと願っております。[34]」後年のルターの「フィリップ・メランヒトンが私に新約聖書を翻訳するように説得しました」[35]という一文を除けば、彼が翻訳者となった経緯をわれわれに教えてくれるのはこれだけである。ラングに書簡を書く二週間前、彼は数日ほどヴィッテンベルクに戻っていた。滞在中に彼がメランヒトンに会ったことは疑いなく、従ってメランヒトンが実際にルターに新約聖書の翻訳を勧めた「友人たち」の中心人物であると見なすことは理に適っている。エラスムスその人も、この決断に間接的な形で関与したかもしれない。ラング宛てのルター書簡に引用された最後の文章は、明らかに『パラクレーシス』の模倣であるからである。どのような直接的な刺激があったにせよ、驚くことに彼は一一週間で最初の草稿を書き上げてしまったようである。彼は、以前になされた初期のドイツ語訳と、頭に刻み込まれたウルガータを脇に置きながらも、エラスムスのギリシア語版新約聖書の第二版に基づいて――後年、ヘブライ語による入手可能な最高の旧約聖書を利用したときと全く同じように――翻訳作業を行なった。その成果は、同時代の他の自国語訳聖書と比べて、原語に対する忠実さの点において最良のものであったばかりでなく、文学史上の傑作でもあった。ルターのドイツ語訳聖書にみられる正確さや精巧さの多くから、彼の同僚たち、とりわけメランヒトンによる疲れを知らない技術的援助の跡を読み取ることができる（十年余り後に彼は「翻訳者はたった一人で仕事をするべきではない」、「正しく適切な言葉は、たった一人の人間から見出されるとは限らない」と述べた[36]。しかし、そのドイツ語についての栄誉自体は、ただルター一人だけに帰すべきものである。

新約聖書第一版の序文には、エラスムスの『パラクレーシス』とは全く異なる精神が宿っていた。その主旨は、新約聖書は福音であり、律法の規則ではないということだった——「良き話や知らせが使徒によって全世界に告げられた。そこでは罪、死、悪魔と戦い、それらに打ち勝ち、それにより罪に囚われ、死の恐怖に悩まされ、悪魔に圧倒されていた人々全員を救った真のダビデのことが伝えられていた。……罪によって死に、地獄に縛り付けられている貧しい人間が、キリストについての貴重で愛情のこもったこの言葉以上に慰めとなるものを耳にすることはない。それを真実だと信ずるならば、心底から満足し、歓喜するにちがいない。……モーセは彼の書物の中で、人を追いやり、服従させ、脅かし、攻撃し、恐ろしいほどに強く非難する。彼が立法者であり監督者だからだ。……（キリストは）われわれに強制せず、優しく招いて「貧しい人は、幸いである」などとおっしゃる。そして使徒は「私は勧めます」、「私はお願いします」、「私は請います」という表現で語りかける[37]。」

ルターは、次の三点を、彼の翻訳の中で一つに結びつけることができた。（1）質的に高いものであるが、最高というわけではない文書に対する文法学的、歴史学的理解、（2）彼自身の宗教的体験に由来する深淵な霊的、神学的理解、（3）正確な言葉を探し出そうとする不屈の忍耐力に支えられたドイツ語の可能性に対する比類なき感受性、である。翻訳は、独特の困難をともなうものの、他の様々な学問的営為以上に、キリスト教学の固有の問題を明確に指し示すことのできる技術である。翻訳者は、一字一句正確に、とまではいかないにせよ、可能な限り忠実に文章を置き換えることにより、読者をその歴史的背景にある原典へ、と立ち返らせることを主要な目的とすべきであろうか。あるいは、翻訳者は馴染みのない思想を、読者の日常的体験にすっかり馴染んだ表現に変えることによって、同時代人に原典の親しみやすさを伝えるべきだろうか。前者は歴史学者の理想で、後者は福音主義者の理想である。ルターがどちらかの選択を迫られた場合、彼の答えは明らかである。「私は市場の人と同じように話そうと心がけている」、と彼は述べた。「私がモーセを訳す際には、人が彼をユダヤ人だとは決して思わないような、典型的なドイツ人にしたい。」(38) 事実ルターは、翻訳については実際に彼がそうしたよりもさらに多くの自由が与えられるべきであると主張していたが、一般の人々が読めるものを書こうと決意していた。彼はとてもうまく聖書をドイツ的なものに変えたので、読者は十戒と八福がもともとドイツの話ではないとは考えもしなかった。モーセとキリストは、ドイツの最も小さな村々にまで知れ渡り、人々が彼らを時間的にも空間的にも遠く離れた存在と感じることはほとんどなかった。

興味深いことに、ルターと同時代に活躍した画家が直面していた問題は、翻訳者としての彼の中心的な問題と類似している。例えば、ルターよりも年少の同時代人ブリューゲルは、ベツレヘムの嬰児虐殺を、一六世紀の冬のフランドルの村に起きた外国人兵士による陰惨な襲撃の光景として描いている。また彼はマギの礼拝を、画面の片隅の小さなあばら屋で起きている衝撃的な出来事に気づいていない大勢の村人の中に現れた、三人の裕福な商人のそれとして捉えている。これは、中世の絵画表現の特徴である無邪気な時代錯誤とはどこか異なる。ブリューゲルはルターと同様に、オランダがパレスチナではないこと、一六世紀という時間的隔たりがあることを知っている。しかし彼は、一六世紀の土壌にヘロデとキリストをしっかりと根付かせるためには、同時代の服装や光景の中に残酷さと無関心とを描くこと以上に、福音の故郷が有している哀感や痛ましさを直接的に人々に伝えるものはないことも理解していた。

このことは、ルターの聖書研究の強みと弱みの両方をある程度示している。歴史的理解と霊的理解が対立し、衝突するならば、歴史的理解は相手に道を譲らなければならない。一五一三年に「詩編」と取り組んでいるとき、キリストはルターにとって聖書全体を理解するための鍵だった。「もしも聖書の中に私には割れそうにない殻の付いた果実を見つけたら、私は（キリストの）岩にそれを投げつけて割り、最も甘い実を手に入れる。」[39] 生涯を通して彼はこの一般原則を堅守した。読者に「詩編」の内容をいっそう鮮明に伝えるために（当時のほとんどすべての人々と同様に、彼は「詩編」をキリスト自身にたとえる）、彼は過去形と未来形を現在形に変化させた。もちろん文法的に無理があると指摘された場合には、それを断念した。しかし、彼は「ローマの信徒への手紙」（三・八）における、人は「律法の業なしに、ただ信仰によって「のみ」」義とされる、という箇所に付け加えた有名な語を削除することは、頑固拒否した。彼の批判者たちはその一点にこだわり続け、彼はその様子について「まるで新しい扉の前に立つ雌牛のようだ」と語った。しかし彼は、ラテン語でもギリシア語でもなくドイツ語で書いていた。またドイツ語の「のみ」（*allein*）は、「私は、食べたのみであった（ので、飲まなかった）」という文章のように、一つのことを認めると同時に他を認めないという、否定的側面をもって使用される。ドイツ語でパウロの意図を「明瞭に強固に」するために、一語を追加しなくてはならないと彼は主張した。「このことについてわれわれは家で母親に、路上で子どもたちに、市場で市井の人たちに尋ね、彼らの口から話し方を学び、その後で翻訳をしなければならない」と論じた。実際、彼は完璧な実例を手に入れた。しかしこのことと、翻訳が信仰義認論をさらに「いっそう明瞭にいっそう強固に」したということは必ずしも同じではなかった。[40]

細かな文法的問題と同様に、歴史的な原典批判についても、神学が最も重視されるべき基準となる。「この（ヤコブの）書簡を大学から追放しよう」と彼はかつて述べた。「なぜなら、それは無価値だからだ。冒頭に一度名前が出てくるだけで、キリストについて何も語られていない。私はこの書簡は、キリスト教徒と一緒に行動したことはなく、ただキリスト教徒について聞いたことのあるユダヤ人によって書かれたのだと考えている。」彼が公にしたヤコブ批判はもっと穏やかであり、後には彼はヤコブをパウロと調和させようとしてもいる。しかし、真実を知るための究極の試金石はルターの霊的経験であり、歴史的な証拠ではなかった(41)。

ルターのこうした弱点に対する批判は、文献学者と歴史学者にはお馴染みであるが、翻訳者としての彼の偉大さを損なうものでは全くない。自然科学ではなく人文学の場合、卓越した研究は、「客観性」だけでなく、客観性と感受性の均衡から生み出されるものでもある。研究対象の「外側」に立つ能力は、感応的な想像力によって研究対象の「内側」を把握する能力と釣り合っていなければならない。この後者の能力は、明らかに学者自身の人間的経験の広さ、深さ、豊かさに由来する。夫、父親、市民、あるいはある特定宗教への改宗者としての科学者の経験は、彼が原子を理解できるかという可能性には、間接的にしか関係していない。しかし、批評家、歴史学者、あるいは神学者にとって、そうした経験は、直接的かつ密接に、彼の職業的な洞察力を左右する。このため、科学者は早咲き、ヒューマニストは遅咲きの傾向にある。優れた批評、偉大な伝記、卓越した神学論を書くために、人は時間的にも空間的にも遙か遠くに離れている他者「から」距離を取るのはもちろんのこと、彼らの「うちに」に立つこともできなければならない。

ルターはこの点を理解していた。彼は、キリスト教的学問は、いかに上部構造が「科学的」であろうと、基盤には宗教的体験がなくてはならないと確信していた。彼は「翻訳は、誰にでも可能な術ではない。それには正しく敬虔で、信心深く、勤勉で、神を恐れ、経験豊かで、成熟した心が必要だ」と主張した。(42)「人は生きること、否、むしろ死んで神に罰せられることによって神学者となる。理解し、読書し、思索することによってではない。(43)」「私は自分の神学を一気に学んではいないが、試練によって導かれたために、それをいっそう深く追究しなければならなかった。(44)」人生の終わりを迎え、彼は学者としての自身の信仰を、印象的でしばしば引用される言葉にまとめた。「五年間羊飼いをやっていないなら、いかなる者もウェルギリウスの『牧歌』を理解できないし、また五年間農夫であったことがないなら、ウェルギリウスの『農耕詩』も同様に理解できない。二〇年間大都市の要職を担っていないなら、いかなる者もキケロの『書簡集』を完全に理解できない。一〇〇年間、エリヤとエリシャ、洗礼者ヨハネ、キリストと使徒などの預言者たちと一緒に会衆を統治したことがないなら、いかなる者も聖書をことごとく研究し尽くしたと思うことはできない[45]。」

　信仰の人ルターと学問の人ルターを別々にすることは、全く不可能である。ルターは、繰り返し不信心という「試練」（*Anfechtungen*）と格闘する信仰者であると同時に、ヘブライ語の「ヨブ記」の内容を表現するわずか一語を見つけ出そうと、二週間でも三週間でも、果ては四週間でも時間をつぎ込む学者である。これらは一人の、全く同じ人物である。「『詩編』にあるたったの一節に、私がどれほどたくさんの労力を費やしているか、君には信じられるはずもない」、と彼は書いた[46]。われわれは、彼の「労力」の語から、汗水垂らす霊的苦労と誠実な知的労働双方の意味を読み取れよう。

　従ってルターは、自分でもはっきりと認識していたように、キリスト教学の歴史ではヒエロニムスではなく、アウグスティヌスの系譜に属する。彼自身は体系を好まなかったが、文献学者、歴史学者である以上に、哲学者であり神学者であった。彼にとって、神の照明と個人的霊感は学問の出発点で、神学とキリスト論は終点だった。しかし、これで話は終わらない。彼は神学者であったばかりではない。彼にはどこかエラスムスのような側面、福音主義神学における「聖書学的ヒューマニスト」という側面もあった。彼は、中世後期の神秘主義者やスコラ神学者が神秘的な夢、あるいはスコラ学的な三段論法を支えに、預言者や使徒の意味をこねまわし、調整したやり方では、聖書本文に個人的体験や公的教義の教説を無理矢理当てはめるようなことは決してしなかった。ルターは原文を最大限に尊重した。神の言葉の権威に対する尊敬、典拠に戻ろうという主張、堕落した時代に使徒的キリスト教の精神を取り戻そうとする熱意——これらすべてのことは、多くの再洗礼派同様、キリスト教的ヒューマニストによって形成された。ルターは、エラスムスと同じく、学芸復興（ルネサンス）の申し子だった。彼は自分の時代の歴史に関する見方、パースペクティヴから多くを学び、それを自分のために利用した。なるほど、歴史学者としては彼はエラスムスのように近代歴史学の職業規範にほとんど合致していないだろう。とりわけ彼が、上手に書き、祈り、説教したければ怒りが必要であること、つまり「激情が本を作る」[47]と告白するときは、そうである。だが、近年の研究が示すように、彼は歴史に対し深い関心を寄せ、それがキリスト教徒に対して持つ意味を深く理解していた。[48]また、中世の神学者ではありえない歴史的思考法を習得していた。彼は、歴史的過程において神が自らを明らかにし、同時に隠すと見た。時代は、彼が思考する際の重要な広がりの一つだった。彼はいささかペトラルカのように、（この場合は「キリスト教の」）初期の時代の簡明さと純粋さが失われてしまい、迷信と儀式の暗黒の時代（A Dark Age）が続いた後に新しい時代の幕が開かれているところだと考えた。神の手が、過去の時代と同様に、彼の時代にも力強く働いていた。彼はこうした考えをひとつの歴史哲学にまで作り上げなかったが、しかしそれらは彼の大局的な展望の中に、アクィナスやアベラールには全く欠けていたダイナミズムを与えた。

ルターは、第一には神学者であり翻訳者であったが、歴史的精神をもった神学者であり、歴史意識を備えた翻訳者でもあった。パノフスキーが、ヒューマニストは古典古代の墓域で泣くことにたえられなかったと述べているように、ルターは使徒時代の墓域で泣くことにたえられなかった。彼はペトラルカやさらにはエラスムスのように、過ぎ去った日々を思って郷愁の念にかられるような、感傷的な気持ちを持たなかった。だが、時折、それといくぶん類似する感情を露わにした。コレットと同様、ルターの聖パウロに対する愛情は、キケロに対するペトラルカの、ヒエロニムスに対するエラスムスの愛情に匹敵するような、率直さと個人的本質をいくぶん持っていた。彼は自分の三番目の息子にパウロという名前を付けた。彼によれば、聖パウロは自分に多くの格言や論拠を与えてくれたので、敬意を表わしたかったというのである。(49)パウロのことを考えるとき、彼はいつでもメランヒトンのように「貧しく、痩せていて小柄な男」を想像していた、と述べている。(50)これは紛れもなくルネサンスからの意識、ヒューマニスト、そして当世風のキリスト教徒の態度であるように思われるだろう。
学者としてのルターは、キリスト教の伝統そのものを作りかえ、純化させることだけに関心を持っていた。彼はキリスト教的学識者の召命として考えられる、これ以外の二つのもの、すなわち、キリスト教をその周囲の世俗文化に関連づけること、その思考様式を科学的発見に順応させることなどには、ほとんど関心を持たなかった。このことは、彼が戦争と平和、政治、そして経済的生活について文章を書いたという事実にもかかわらず、正しい。彼がギリシア・ローマ的観点に心から感動したことは一度もなく、エラスムスのように、古典的伝統とキリスト教的伝統の「双方」によって、最善のものを再生させる可能性などに興奮するようなことは決してなかった。「お前はキケロ主義者か」という、ヒエロニムスに対する神の非難に悩まされることもなかった。しかし、「私たちのどこが悪いのか。学識のない者は立ち上がり、天国を「摑む。」けれども、学びながら、だが渇望する心を持つ私たちは、私たちが肉と血にふける所を見る」というアウグスティヌスの叫びに、ルターは心を打たれた。彼はコペルニクスの理論には感銘を受けなかった。それほど重要だと思わなかったからである。神の言葉を理解すること、それを人々に彼ら自身の言葉でもたらすこと――これが彼の召命だった。「私のしたことは、神の言葉をおし進め、説教し、教えたことだけである。他には何もしなかった。

……私はただ神の言葉が働くようにした。(51)」ローマ・カトリック、ヒューマニスト、再洗礼派は、様々な理由でルターの客観性、あるいは彼の霊感、あるいはその双方に疑問を投げかけた。しかし、それが（彼らが言ったように）彼の言葉にすぎなくとも、あるいは（彼が言ったように）神の言葉であっても、彼がその言葉を「明瞭にそして力強く」鍛えたということについては、誰一人疑問を挟まなかった。これこそが学者としてのルターの業績だった。

第五章　カルヴァン

ヨーロッパ・プロテスタンティズムの指導者としてのルターの衣鉢を継いだ人物は、友人メランヒトンではなく別のもっと気性の強い学者、ジュネーヴのカルヴァンであった。カルヴァンはメランヒトンを知っていたが、ルターに会ったことはなかった。彼はドイツ語を解さず、ルターのラテン語著作しか読めなかったが、内容を熟知していた。カルヴァンに対するルターの影響は極めて広範囲で、年下のカルヴァンはそれを常に熱心に吸収した。しかしそれは、エラスムスに対するコレットのそれのように、直接的で個人的な影響ではなかったし、エラスムスがルターに与えたような、刺激的ではあるが、反発を引き起こすものでもなく、これら二つの先行事例の中間的な性格を持っていた。すなわち、並外れた宗教的精神が、彼とは全く異なる気質、経歴、社会的出自を備えた、従順であるが批判的な次世代の追随者に及ぼす、長期にわたる持続的な影響力であった。ルターの死から一一年後、カルヴァンはルター派の一人と論争を始めた。彼は「ルターの大きい徳には悪徳が混ざり込んでいるが、それらは隠されたままであって欲しいと思う。なるほど、彼が授けられている恩寵への崇拝と尊敬の念から、私は彼のいかなる悪徳であれ、これらを縷々述べたくない。だが、徳のために悪徳を受け入れることは、愚かで不合理な態度である」(1)と述べた。この短い文章は、書き手の性格を表わしている。権威に対する彼の思慮分別、そしてそれらに劣らない真理に対する彼の圧倒的な献身がそうである。

これまで扱ってきた人物の中にわれわれが見出してきた、キリスト教徒の召命としての学問のほぼすべての側面を、ジャン・カルヴァンは何らかの形で受け継いでいる。ヒエロニムスとエラスムスのように、カルヴァンは異教の古典への情熱を通じて聖書研究に到達した。古典研究で習得した技法を聖書研究に採り入れようとする態度も、これら二人の先達を頻繁に想起させる。しかし、彼が天命を得たという感覚に至った過程は、彼が「突然の回心」と呼ぶものの結果であり、アウグスティヌスやルターの経験に似ている。このため、彼は自分の思想に対するヒエロニムスやエラスムスの影響よりも、アウグスティヌスやルターの影響を重視していた。『キリスト教綱要』におけるヒエロニムスに関する言及は数十カ所にとどまり、いずれも特段重要ではないが、アウグスティヌスに関する言及は三〇〇を超え、その大半は議論の根拠となる決定的なポイントである。『キリスト教綱要』にエラスムスとルターの名前は登場しないが、両者からの影響が見てとれる。中でもルターの影響は、エラスムスよりもずっと顕著である。(2)

カルヴァンに対するヴァッラの影響は『キリスト教綱要』の中で一か所、「他の点では神学にあまり精通していない人物だ」と言及しているのみで測りがたいが、ヴァッラは予知説や予定説に関して「優れた鋭さと確かな判断力」を示した人物としている。ヴァッラの神学についてはともかく、ラテン語文体と批判研究の方法は、カルヴァンの思想形成に重要な役割を果たした。(3) ピーコ・デッラ・ミランドラについては、最近の研究が、カルヴァンの人間観に対するフィレンツェの新プラトン主義思想、特にピーコの「隠れた影響」、すなわち、意識としては否定されるが、実は存在する影響を明らかにした。(4) この真偽のいかんにかかわらず、カルヴァンがルターよりも直接的に学芸復興（ルネサンス）の影響を受けていたことは確かである。

カルヴァンは、三世紀前に学説の統合と体系化を行なった聖トマスと同じ意義を彼に与えようとする意図を込めて、しばしばプロテスタントのトマス・アクィナスと呼ばれる。アクィナスは、カルヴァンが『キリスト教綱要』の中で尊敬の念を込めて言及する、数少ないスコラ学者の一人である。カルヴァンとアベラールとの関係は、両者が共に学説の体系化を志向していたこと――些細なことではないかもしれないが――、それ以外にはほとんど何もない。アベラールは、記憶されているだろうが、時代の多くの人々と同じように、その精神において学問と禁欲主義を密接に関連づけ、結婚が彼の経歴を台無しにする——実際そうだった——と述べたエロイーズの議論を批判せずに伝えた。四世紀の後、時代は変わった。多くのプロテスタントの聖職者が、自分たちの信仰を証明するためにも結婚しなければならないと感じた。いずれにしてもカルヴァンは、意中の女性に巡り合う前、すでに三〇歳の頃には、結婚は自分にとって良いことだと確信していた。彼の理想は、「控えめで、愛想がよく、地味で、質素で、辛抱強く、自分の健康を気遣ってくれる」女性だった。二度の失敗の後、彼は「落ち着いた雰囲気の、尊敬すべき」女性を見つけた。彼女の死後、彼は「彼女は、私の聖務の信心深い援助者だった」、「彼女を邪魔に思うことは一度もなかった」(5)と書いている。これらはすべて、結婚とキリスト教徒の天職としての学問での成功との間には、重大な関係がないことを証明している。

さて、カルヴァンに働いた、まさに正真正銘の影響は、彼が学者であったという重要な事実に由来する。彼は、ピーコ以外のこの書の登場人物たちの誰よりも広範に本を読み、キリスト教的伝統の内外の、相反する意見のどちらにも注意を払っていた。しかし彼はピーコと異なって、自分の博識のために安定したキリスト教的基盤を見つけることができ、この点で彼のお気に入りの教父アウグスティヌスにいっそう近かった。しかしながら、自身の召命に対する考えは独特で、他の誰とも似ていなかった。

カルヴァンは、自分については寡黙を貫いた一人だった。生涯において三度だけ、彼は自分について語る気になった。一度は、一五三九年の『サドレート枢機卿への返信』の中で、二つの仮説的なプロテスタント改宗に関する議論を述べる際に、自身の回心について間接的に言及した。さらに一五六四年の死の直前、病床を訪れたジュネーヴ市参事会員に向けた最期の言葉がある。そして最も重要なのが、一五五七年の『詩編註解』の序文の言葉である。(6) これはわれわれの議論にとって大変重要なので、詳しく検討しなくてはならない。

カルヴァンは、次の言葉で始めている。「もしこれらの註解の執筆が私にとって有意義であったように、これらを読むことが神の教会に多くの利益をもたらすのであれば、私はこの仕事を決して後悔しません。」彼によれば、「詩編」は「魂のあらゆる構成要素の分析」である。鏡のように、「詩編」はあらゆる人間的感情、すなわち、憂鬱、悲嘆、恐怖、疑念、不安、困惑など、人間の魂をかき乱すような、すべてが複雑に絡み合った感情を映し出す。「詩編」では人間に固有の弱点が、恐ろしいほどに暴露され、読者は祈りや信仰に慰めや安心感を得るように促される。学ぶべき教訓は、自分の人生が神の手に委ねられていることを確信することによって、恥ずかしくて仲間に告白できない弱さを、神に自由に告白できるようになることである。ここからカルヴァンは、神が彼を「訓練」する中で生ずる葛藤が、「詩編」の著者、特にダビデの心を理解するのに役立つことを発見する。彼は、自分がダビデに太刀打ちできないことを知っているが、二人には共通点があるとも感じている。ダビデの人生で、彼を卑しい出自から責任ある高い地位に上昇させる忍耐力と情熱の中に、カルヴァンは「自分の天職の出発点と、さらなる責任ある道」を映し出す鏡とともに、神が自分の前に据えた模範を見出す。それは、低い始まりからジュネーヴの教会の高位の役職に至るまでの彼の昇進である。彼の父親は彼に神学の道を定めたが、後に心変わりをして息子に法学を学ばせた。その方がお金になるからだ。しかし神は、別の計画を彼のために用意した。「突然の回心」によって、神は彼を、彼が呪縛され、「心を支配されていた」ローマ・カトリックの誤謬から離反させた。真の敬虔を初めて味わった彼は、自分の経験から利益を得ようという欲望で燃え上がった。そのために、当時没頭していたヒューマニズム研究に対する興味を失ってしまった、と彼は回想している。彼自身ずぶの素人であったが、一年もしないうちに友人たちが福音書を学ぶために集まってきた。このことは明らかに、彼が望んだ「利益」でも、期待した機会でもなかった。彼は続けて言う。「本性に従って、やや非社交的で内向的な気分のとき、私はいつも隠居して平穏に暮らしたいと考えました。そうして人々から離れられる隠れ家を探し始めましたが、私の願いとは正反対に、あらゆる避難所や隠れ家は、私には公の学校のようになってしまいました。つまり、私の目的はいつも、人知れず私的な生活を送ることでしたが、神は私をそこから無理矢理引き離し、決して私を休ませないように様々な場所へと連れ回しました。そして私の本性的傾向を無視して、脚光を浴びさせるべく私を引きずり出し、人々も言うように、私に「仕事に取り掛かる」ように仕向けたのです。[7]」

カルヴァンは以後の人生を、この節に関する一種の注釈と見なした。バーゼルで隠遁場所を得ようとした最初の試み（一五三五年一月）は、フランスで彼を支持するプロテスタントが迫害され、誹謗と中傷を受けているという知らせによって中断された。彼は、後に見るように、彼らを守るために矢面に立たなければならないと感じた。一年後、人知れず（とカルヴァンは思っていたようだ）ジュネーヴを通過しようとしていると、烈火のごとき人物である改革者ファレルが彼の噂を耳にした。「あたかも神が私の行く手を遮るがごとく、ご自身の御手を高みから私の方に差し伸べたように、ギヨーム・ファレル師は、助言や説得ではなく、恐ろしいほどの脅迫によって、私をジュネーヴに引きとめたのです。」自由を求めるカルヴァンが、やりかけの特別の研究があると言って抵抗すると、ファレルは、ジュネーヴで今まさに進行中の福音主義の苦境に立たされたごとき危機にカルヴァンが助け船を出さないならば、彼が求め続けている「書斎の静謐と静寂」を神に誓って呪ってやると言った。本人によれば、彼はひどく狼狽し、怖れを抱き、結局留まった。三年後にジュネーヴから亡命し、安心して、バーゼルにもう一度学問をするための隠れ家を得ようとした。このとき、ファレルと同じ手を使い、少々捻りを加えて、彼を隠居生活から引きずり出したのは、マルティン・ブツァーだった。ブツァーは彼を、ニネヴェで神罰について警告するように神に命じられながら、船に乗ってしまえばこの命令を免れられるのではないかと考えた預言者ヨナになぞらえた。再びカルヴァンは恐れおののき降参し、この時はストラスブールで聖職者、そして講師となった。しばらくの後、ジュネーヴ市民に対する義務観、つまり彼が「尊敬と良心」から考慮した責務は、カルヴァンのジュネーヴ帰還に至った。彼が付け加えて言うには、帰還後に彼が直面した事件の数々の物語は、長すぎて到底語り尽くせない。ダビデのように、彼は市外のペリシテ人のみならず、市内の裏切り者からも狙われていた。「わたしが信頼を寄せ、わたしのパンを食べる者がわたしを足蹴にしようとします」(「詩編」四一・九)、と彼が叫ぶとき、彼の心を最も苛み、ダビデに共感することを強いるのは、故郷の隠れた敵たちである。貪欲や贅沢に対する告発から独裁や異端の嫌疑に至るまでのカルヴァンに対する虚偽の非難の集中砲火の中で、ダビデ同様の苦悩を理解し、「詩編」に表現された絶望と勝利の双方に対する、似通った感情の源泉を発見したことは、自分に深い慰めを与えてくれた、とカルヴァンは結んでいる。

　こうしたカルヴァンの著名な自己省察は、四八歳のときに書かれた。何よりこれらすべては、カルヴァンが一五五七年に人生を振り返ったとき、自分のことを、生来学問に適していたにもかかわらず、神によって全く異なる活動、すなわち教育、説教、政治的論争への参加、超国家的な規模の宗教の指導などを強いられた人物として捉えていたことを示しているのではないか、と私は考える。彼はもともと「恥ずかしがり屋」であったが、書物だけではなく、人間たちとも関わるように求められた。「臆病」であったが、神の十字軍の司令官のような役割を求められた。気質的には「平和好き」であったが、敵の攻撃から身を守るため、あるいは友人の窮地を救うため、真理と正義をめぐる闘争を絶えず引き起こした。要するに、彼は自分を神に挫かれた学者と見なしていた。

　しかし、話はまだ終わらない。ストラスブール版のカルヴァン著作集は、重厚な五九巻揃いであり、挫折を味わった学者にしてはかなりの分量である。もちろんこの信じがたいほど大量の著作が、すべて研究と呼ばれる種類のものではないが、大半は研究書である。カルヴァンの行動は、彼の言葉よりも雄弁ではないのか。彼が語った言葉とは裏腹に、学問は、彼がそう考えたように、彼の天職の主要部分ではなかったのか。彼の気質と召命の間には、彼が私たちに信じ込ませようとしたような溝が本当にあったのか。これらの問題に答えるために、入手可能なあらゆる証拠を手掛かりとして、彼の精神と天職、召命に対する感覚の発展の過程を検証しなければならない。

カルヴァンの精神に刻印された三つの学問分野は、一五二八年以前にパリ大学で修得したスコラ的論理学、その後三年間オルレアンとブールジュで学んだローマ法、法学の勉強中には密かに、一五三一年に父が死去した後には公然と行なった古典研究だった。(8) 若きカルヴァンの勉強方法は、知識の中で自分を見失うことなく、たゆまず徹底的に、知識の全体と取り組むことだった。忠実かつ入念にスコラ学の弁証法を修得したが、精神的には距離を保っていたため、エラスムスとルターの二人がそれぞれ異なった理由からそうしたように、後にその全体系を厳しく批判することとなった。彼はヒューマニストになると、他の多くの優秀なヒューマニストと同様に、スコラ学を無視するか軽蔑した。しかし、スコラ学者のような思考上の習慣が彼の中に色濃く残った。結果として、アクィナスとカルヴァンの間には、アクィナスとエラスムス、あるいはルターとの間におけるよりも顕著な連続性が認められる。父の要望に従って勉強した法学も、彼の精神に影響を及ぼしたが、彼の魂を惑わすことはなかった。同様に、いっそう議論に値する事柄であるが、明らかに彼はギリシアとローマの古典から心情的な距離を取っていた。彼は疑いなくルターよりもヒューマニズムから深く影響を受けた。しかし、ペトラルカがキケロに、エラスムスがルキアノスにしたように、彼がセネカに心酔するなどということは一度もなかった。「聖人ソクラテスよ、私のために祈ってください」という有名な言葉に象徴されるエラスムス的な思想が、より冷静で客観的なカルヴァンの精神に、ヒューマニズム的な表現をもって生ずることは決してなかった。一五三二年の『セネカの『寛容論』註解』において、カルヴァンは彼の主題を賞賛し、尊重したが、その限界にも気づいていた。彼の回心のきっかけはヒエロニムスの夢のようなものではなく、異教研究と世俗的な学問について激しく煩悶することもない。彼がわれわれにはっきりと語っているのは、キケロとキリストの間の問題ではなく、一方ではローマ教会とその信仰および儀礼に対する、他方では最初は彼にスキャンダラスで革命的に見えた福音に対する、彼の忠誠心の選択の問題であった(9)。必然的に精神と意志の双方に及んだ彼の回心の最大の山場は、自覚的な決断の場面、すなわち一五三四年春の聖職禄辞退という場面であった。確かに彼は、結果として古典研究に対する興味を失ったと述べているが、ヒューマニズム的関心は保ち続け、完全に捨てることはなかった。『キリスト教綱要』の晩年の版では、古典作家への言及が減少するどころか増加し、一五五九年にはジュネーヴのアカデミーのカリキュラムの基礎に、徹底した古典教育を据えた。奇妙なことだが、反対にエラスムスのような「一段と優れた」(*par excellence*) キリスト教的ヒューマニストは、晩年になって初めて、後続する世代のキリスト教のピューリタン主義を予告するかのように、過度に熱狂的な古典主義的態度は、キリスト教信仰に危険を及ぼすようになると警告した(10)。こうしたことは、カルヴァンが、当時より純粋に革命的な存在であったエラスムスやルターよりも、過去のあらゆる主要な思考形式と密接な接触を保っていたことを示している。カルヴァンがスコラ学、法学、そしてヒューマニズム研究に対していっそう客観的に接近したのは、これらの学問的精神に同意せずに、またその内容をうのみにせずに方法論を吸収したからであり、彼の知的好みにおいていっそうカトリック的だったからである。

これは、カルヴァンの回心が本物でなかったとか、彼は生涯を通じて「隠れヒューマニスト」であり続けたなどというわけではない。一五三二年春に出版された『セネカに関する註解書』の序文には、『キリスト教綱要』の初版に付されたフランソワ一世宛ての献呈書簡(一五三五年八月)とは全く異なった精神性が漂っている。前者には、優雅で自信に満ち、純粋に学問的な認識と賞賛を求める若き学者の緊張した訴えのようなものがあり、宗教的関心の仄めかしなどは全く感知できない。しかし後者には、しっかりと筋は通っているが、自分を一個人としてよりも重要な宗教的使命を抱いている人物としてとらえる者の、中傷され迫害された信仰の同志を守ろうとする熱い思いがあった(11)。三年の間に、この輝かしい若い著述家の中に何かが確かに起こっていた。

回心を経験した一五三四年からジュネーヴを終の棲家と定めた一五四一年までの間に、カルヴァンは、神が彼とともに、彼を通してなそうとしていることが何であるかを、次第に理解していった。一五三四年の春に聖職禄を辞退した後、彼は安定した収入、職業、将来的展望を持たなかった。彼は叙任された聖職者ではなかったし、決してそうならなかった。セネカに関する彼の本は、一般の関心を集めるには至らず、著述家として生計を立てる見込みはほとんどなさそうだった。彼は一五三四年の夏の間、友人の一人ルイ・デュ・ティエの家を訪れた。その家は、三、四千冊以上の本を収めた規模の大きい書庫を備えていたので、プロテスタントの教義に関心を向けるカルヴァン青年は、そこで読書に没頭した(12)。われわれは、自分の資質はひたすら神の召命であるとして、近隣の牧師のために説教を執筆する姿、同志である仲間から力を得る姿、洞窟のような暗い場所で簡素な礼拝規則に従って初めて聖餐式を取り仕切っている彼の姿を垣間見る。この年一五三四年のある時、彼は葬られてから審判の日まで魂は眠っていると考える再洗礼派の信仰を攻撃する、最初の神学的論文を書いた。エミール・ドゥメルグが述べているように、その序文は「完全にカルヴァンそのもの」である。彼は、数名の腹心たちが彼に再洗礼派に対抗する文書を書くように促したが、自分は生来「すべての討論や論争」が嫌いであり、彼らの虚言がいずれ自然消滅することを期待したと述べている。しかし、彼らの誤った教説は、反対に広がっていった。「私が沈黙を続けたら、私は神の真理に背いているとの思いを晴らすことができない」と彼は言う。ある者は彼が執筆すれば、宗派の分裂を助長し、教会の慈愛の精神を台無しにしてしまうと不平をもらすであろうが、「慈愛の核心と原点は、私たちの信仰を神聖で丸ごと完璧に保つことにある」(13)と言う。

ここに、カルヴァンが五九巻もの著作集を書いた第一の理由がある。つまり、彼は神の真理に対する背信行為を見過ごすことができなかった。信仰を神聖かつ丸ごと完璧に保つことは、盲目的に慈愛を保持し続けるよりも大切なことだと、彼はずっと信じていた。第二の理由もほどなく明らかになった。すなわち、組織化と体系化に対する情熱、すなわち、未決の問題を処理し、物事を統括することに対する熱意だった。これら二つの動機は、『キリスト教綱要』初版によって明らかになる。

エラスムスが彼の学問的傑作『ギリシア語版新約聖書』を出版したとき、彼はほぼ五〇歳であった。ルターが新約聖書の翻訳を刊行したのは四〇歳間近、聖書すべての翻訳を終えたのはほぼ五〇歳の頃であった。カルヴァンが『キリスト教綱要――信仰の大要および救いの教理を知るために必要な諸事を含む、信仰を求めるすべての人にとっての必読の書の最新刊』（これは、一五三六年版の表題に付されていた）を執筆したとき、彼は二六歳の若さだった。副題がカルヴァンと出版業者のどちらの発案かは不明であるが、これはまさに「プロテスタントのスンマ（神学大全）」となるべきものであった。すでにメランヒトンが『神学総覧』（一五二一）を刊行していたため、この種の著作の最初の一冊とはならなかったが、最終版として増補された一五五九年版は、その最も偉大な著作となった。一五三六年にバーゼルで出版された初版は、著者が驚くほど若いにもかかわらず、すでにキリスト教学の多岐にわたる個別分野、特に学説の明確化、組織化、要約などの分野において、自分の本領、真なるメティエを発見していたことを示している。論理学と法学の訓練、古典研究に由来するラテン語とフランス語の優れた語学力は、二年前の「神が彼の心を圧倒し、服従させた」結果である福音主義的熱意に結び付けられた。こうして、プロテスタント研究の傑作の一書が誕生した。

カルヴァンの伝記作者で先のドゥメルグは、彼の最も輝かしい一節の一つで、生涯をかけた仕事のための、「カルヴァンの神意によるかのような準備期間」について熟考している。疫病が原因で故郷ノワイヨンを追われた後、パリにいたカルヴァンは、この地で最良のラテン語教師コルディエと出会い、オルレアンでも最高のギリシア語教師ヴォルマールと出会うことができた。中世という時代は、彼に論理学を学ぶ場としてモンターギュ学寮を押し付けたが、新しい時代は、ヒューマニズム研究における語学と原典研究の研鑽の場として、コレージュ・ド・フランスを与えてくれた。彼がしばらくノワイヨンに閉じ込められていたのは、ローマ教会が自らの悪弊を見せつけ、彼の怒りを煽るためであったかのようだ。偉大なる学者ルフェーブル・デタープルが一〇〇歳まで生きながらえたのは、ネラックでこの若き学者を祝福するためであったかのようだ。セルウェトゥスはパリを訪れ、その異端的態度でもってカルヴァンを震え上がらせた。こうしてようやく準備が整い、幾度も版を重ねる『キリスト教綱要』が結実した。(14) こうした見方は、物事の中に神意を読み取ろうとするカルヴァン自身以上にカルヴァン的ではないか、という恐れがなくもないが、ドゥメルグ氏の情熱的な記述は、『キリスト教綱要』初版を生み出すこととなった訓練の成果、天賦の才能、そして時の運が、驚くほど一致したという事実を、実にはっきりと示している。

『キリスト教綱要』が著者の精神の中で成長していった過程を正確に知ることは困難だが、近年の研究は、興味深い推論を提示している。(15) ある時点、おそらくカルヴァンがアングレームに滞在していた一五三四年に、彼は教理問答の形式で、キリスト教の教義を短めに要約して執筆しようという着想を得たようだ。おそらくその作品の中心には、彼が仲間の聖職者のために書いていた説教が置かれるであろう。(16) それは、もちろん教父たちの分散した文書に対する学術的な言及を含みながらも、一般読者向けに、最初はフランス語で書かれたようだ。その著作は律法、信仰、祈りという三部に分けられた。おそらくキリスト者の自由、教会の権能、そして政治統治に関わる別の部分は、同時期に同じ方法で書かれた。一五三五年一月、この若き執筆者は、フランス人プロテスタントとして、フランスからバーゼルへの逃亡を余儀なくされた。友人のフランス人プロテスタントの幾人かが、火刑台に送られつつあった。フランス王政は、迫害の結果ドイツで醸成されていた悪評を避けるために、二月に、犠牲者はすべて再洗礼派であり、政府転覆を目論む危険集団であると報じた。しばしば虐殺を伴ったこうした中傷合戦は、名を偽ってバーゼルで平穏に暮らしていたカルヴァンの心を苛んだ。彼は、このまま沈黙を続ければ、自分は臆病で不実であるとの非難を免れないであろうと書いている。こうして、最初は信仰告白として構想された小冊子は、やがて学問的引用に満ちた、サクラメントの真偽についての学術的考察の二つの部が追加され、弁明書のようになっていった。最終的に、前半の教理問答の部分と後半の弁明の部分が統合され、すべてラテン語で書かれた六つの章から成る『キリスト教綱要』の初版が完成した。一五三五年八月、カルヴァンは、これにフランソワ一世宛ての献呈文を付け加え、この書の二つの目的を明確に述べた。第一の目的は、彼によれば、フランスのプロテスタントの仲間を始めとする「信仰に対していささかでも熱意を持つ人々に、基本的原理を定め、真の敬虔への道を示すこと」である。しかし彼は、非プロテスタントたちに対して、福音全体が再洗礼派とされる人々から攻撃されていることを明らかにしようともしていた。このように一五三六年版の『キリスト教綱要』は、迫害者と被迫害者の双方に向けられた、告白であると同時に弁明の書であり、繊細な社会的良心と強い責任感を持った学者の著作であった(17)。

一五五七年に二〇年以上前に書かれた『キリスト教綱要』の動機を回想した際、カルヴァンは教化的な意図については全く触れずに、弁明の目的だけに言及した(18)。実際には、改訂版の『キリスト教綱要』から弁明の部分は次第に消えていき、教化的性格が支配的になった。フランソワ一世への献呈の辞と、いっそう純粋な弁明のための章が、ほとんど変化しなかったのに対して、解説の部分には膨大な加筆がなされた。ジュネーヴから逃避した一五三八年から一五四一年の帰還までの、彼の研究活動にとって重要な時期には、体系化と弁明という二つの動機は、おおまかにではあるが、互いに調和を保っていた。その活動の記録を整理し整頓することは、学者としてのカルヴァンの発展の方向を定める二つの主要な目的だった。

弁明と論争という内容を色濃く備えた最初の長い文章は、全プロテスタントの立場を擁護する見事な弁護文のついた『サドレート枢機卿への返信』（一五三九）に登場する。ここで弱冠三〇歳のカルヴァンは、まるでヨーロッパ中の全プロテスタントを代弁して神から命じられたかのように書いた。他方、教育者と組織者としての彼の意図は、最初の聖書注釈である「ローマの信徒への手紙」の注釈（一五三九）において最も顕著である。献呈の書簡で彼は、理想的注釈とは、短く簡潔で、一般読者に過去の最高の解釈を伝え、聖書の宗教的「有用性」を明らかにするものであると主張した。読者は、聖典の解釈者たちが常に合意に達しているわけではないという事実に動揺するべきではない、と彼は述べる。「なぜなら神は、ご自身の僕たちに豊かで、完璧で、絶対的な知識を吹き込むという、素晴らしい恩恵を与えなかったからです。神がそうなさったのは、私たちを謙虚にさせるため、私たちに兄弟のように親密な対話をさせ続けるためであることは疑いありません。このことゆえに、私たちは、できればそうであって欲しいにもかかわらず、現世では聖書の諸問題の解釈についての永続的な合意に対する希望を持てないのです。しかし、私たちが先達の意見からそれるときには、目新しさを求めたり、悪意に駆り立てられたり、野望に突き動かされたりするためではなく、必要に迫られ、無駄に終わろうとも、有意義なものを求めるために努力しなければなりません。しかしながら、神が人々の精神が一致して欲しいと願う宗教的教理においては、聖書解釈の場合に与えられているよりも、より少ない自由しか与えられないのです。読者は私の中にこれら二つの目的に対する情熱を容易に見つけ出すでしょう。[19]」

これは、実質的に信仰に関する学問的告白の一種、エラスムスが採った聖書への批判的・歴史学的方法とルターの神学的アプローチの共存の可能性を主張しているかのような告白である。われわれはこのことに対して、歴史学者として細かな点についての異論はあれ、神学者として基本的に同意するであろう。聖書註解はカルヴァンが愛する職業であり、時とともにそれに対する自信を深めつつあったが、彼に特有のスコラ学的、ヒューマニズム的、福音主義的な要素が混合して聖書解釈の原則を発見した。これは、彼の神学的前提がしばしば彼の歴史的解釈を決定づけているという意見の持ち主たちの主張である。[20]すなわち、注釈者カルヴァンが、ヒエロニムスやエラスムスといった文献学者よりも、アウグスティヌスやルターといった神学者に近いということだ。しかし、われわれが、彼がどちらの陣営にも純然たる仕方で属していることを理解しないならば、彼の学者としての特徴をすっかり見落としてしまうだろう。例えば、先ほど引用した「ローマの信徒への手紙」の序文には、聖書の意味の複雑性に対するエラスムス的尊敬の念と、聖書の意味は最終的には簡潔であるとするルター的確信の両方が示されている。

時の経過とともに、『キリスト教綱要』は、カルヴァンの聖書註解書の中心的存在となっていった。『キリスト教綱要』には、キリスト教徒が賛同できる神学があり、聖書の中心的な教義についての多様な根拠や例証が収められていた。教義の細目をめぐるいっそう充実した議論を展開する際に、註解書の著者は、読者に最初に『キリスト教綱要』を典拠として示した。カルヴァンは、一五三六年の初版から一五五九年の最終版まで、『キリスト教綱要』をほとんど常に改訂し増補し続け、病のただ中での必死の集中的な努力によって完成させた。一五五九年八月の序文は、学者として円熟した彼が召命を確信したことをはっきりと示しており、詳細に検討する価値がある。カルヴァンは、著書に施した数多くの改訂について述べることから始めている。彼は今まで一度も改訂に満足していなかった。そして続けて以下のように述べる。

「私が、無知な人間の愚かで誤った判断や悪人の中傷や誹謗を軽蔑しながら、神のご承認だけでは不満だというのなら、私は自分の労苦に対して全く少ししか報われるべきではありません。たとえ神が私の心のすべてを神の国の拡大や公益の促進のための学問に向けさせたとしても。そしてたとえ私が私自身の良心、天使、そして神ご自身にかけて、私は教会で教師の務めを引き受けたので、神の純粋な教えを守り教会の利益に供する以外の目的を持たないと証明しても。私は、私よりも誹謗や中傷を受けた者はいないと思っていますが……しかしだからと言って、全軍勢を引き連れた悪魔が、卑しむべき欺瞞で私を圧倒できる、あるいは侮蔑によって私を臆病、怠惰、怠慢にしてしまえると考えているとすれば、そいつは騙されています。何故なら、私は無限の善なる神が神の聖なる召命の途上にある私を辛抱強い不屈の精神をもってやり抜くように、と励まして下さることを信じているからです。[21]」

別の言葉で言えば、カルヴァンが執筆活動を、彼の召命の核心部分そのものではないとしても、主要な部分であると捉えていたという証拠は、膨大にある。処女作である神学的小冊子と『キリスト教綱要』の最終版の間に挟まれた時期を通じて、プロテスタンティズムの代弁者となること、いかなる場所においても信仰を同じくする仲間に語りかけ、敵であるローマ・カトリックから彼らを守ること、仲間内の異端的言動を抑えること、彼らの信仰を体系化すること、概して言えば、神の国の発展に寄与すべき学問的著作のために彼の知的才能とヒューマニズム的訓練の成果を用いることを要請されているのだという確信が、彼の中で増大していった。カルヴァンが、まさに一五五九年という年に、神から何を命じられているのかと質問されたとして、彼の回答を正確に言い当てるのは、もちろん難しい。彼は、自分が預言者であるとは決して言わなかっただろう。彼が登場したときには、すでにプロテスタンティズムは議論の的になっていた。預言者の時代は終わった。彼の精神にとって、これは教会の創成期と宗教改革の第一世代の特徴的な「尋常ならざる任務」であり、「見事に確立された教会」には、それに相当する役職はない。[22] 確立された教会において、彼は自らが認めた役職――牧師、教師、長老、執事――のうちの前二者を担い、ルターとは異なる仕方で務め上げた。教師は神の言葉を解釈することに集中し、説教師は規律を監視し、聖礼典を司り、熱心に信徒に語りかける。当初は牧師の仕事の範囲は狭く、逆に教師や博士は教会全体の教義などを守る役割が課せられていた[23]（前にルターにもこうした考えを見た）。カルヴァンがジュネーヴに身を落ち着けた当初、彼は「ジュネーヴの教会の聖書学講師」と署名した。しかしまもなく説教を依頼され、さらに教会の組織管理を要請された。フランス人亡命者の教会の司牧の仕事に就いてから三年後、彼はバーゼルからストラスブールに移ったが、そこでもブツァーに教職に就くように説得された。その後、ルターのように生涯を通じて、説教師と教師の両方の役職を担ったが、彼は心の中で、この二つの務めをルターよりも明確に区別していた。

ルターとは異なり、カルヴァンは叙任された聖職者でも、神学博士でもなかった。彼はもちろん、会衆から委任された牧師は、ローマ教会の司祭よりも、キリストの代行者として信頼できると信じていたが、ルターとは異なり、彼の召命を遂行するための基盤として、伝統的な役職を利用できなかった。カルヴァンの召命は、按手や大学における学位授与を通じてではなく、彼の自覚を通じて、即ち、彼が行なった神の言葉の研究、友人の助言、諸々の事態への取り組みという形を通じて訪れた。彼は自らが神の道具であるという意識を、ルターよりも強烈に一貫して抱いていた。彼はしばしば、例えば、一五四〇年にジュネーヴとストラスブールが彼の助力を獲得するために競い合っていたときなどに、一見すると相対立する召命の間で動揺したが、ルターの「試練」(*Anfechtungen*)のようなものに直面したことは一度もなかったようだ。彼の行く手を阻むものは、内的というよりも外的なもの——公然たる敵対者と秘密の裏切り者、ローマ的迷信と再洗礼派の異端などであった。彼の仕事は、自身というよりも教会と世界全体に関わるものであった。そしてこれが、彼にとって書くこと——当時最も多くの聴衆に届くコミュニケーション形式——が重要であった理由である。

ここで、これまでわれわれが論じてきた他の人物の場合と同じように、キリスト教的学識者としてのカルヴァンの特徴を浮き彫りにすることを、それが可能であれば、試みたい。第一の特徴は、それまで誤解や混乱、あるいは混沌に満ちていた思考と霊の領域を体系化し、秩序を与えることへの確かな熱意と才能である。彼は最初の著書の中で、セネカの中に見落としたもものの一つは、「秩序立った配置であり、それは演説の装飾的表現の中には少しも見られないものである」と（たいへん特徴的に）述べていた。カルヴァンの著作の中に、「秩序立った配置」を見落とした者はいない。実は、彼に学者としての顕著な弱点を指摘できるとすれば、それは明らかに、歴史、聖書、経験といった手に負えない、しばしば理屈に合わない、ありのままの情報を、強制的に秩序立てようとしてしまう彼の性向なのだ。もっとも、今日のカルヴァンの最も忠実な弟子たちの多くは、それが限度を越えるほどであったことを否定する。ヴァンデルは、カルヴァンが一つの体系を打ち立てたとしても、それは「開かれた体系」であり、融通の利かない論理によって、神の主権のような中心的原理から引き出されたようなものでは全くなく、聖書の考えやキリスト教徒の経験のあらゆる矛盾を包み込むような体系であったろうと、説得力をもって論じている。(24) それでも、彼の秩序や体系に対する愛情は否定できない。それは彼の教会や神に関する教義にも表れており、そこでは神の計り知れなさや不可解さが強調される。もっとも、それがあらゆる法と相容れない「絶対的で専制的な権力」の議論にまで突き詰められることはない。(25) 基本的に秩序に則った精神を論じる学者としてカルヴァンが行なったすべての事柄の中には、配慮と細心の注意、つまり配置感覚がある。彼の天才は、創造ではなく、均衡、調和、組織化のために発揮された。

カルヴァンの学者としての第二の特徴は、第一の特徴と密接に関係している。それは彼が保った主観性と客観性との均衡である。エラスムスの場合罪人《つみびと》として苦しむ個人としては彼が書いた内容とほんど無関係であり、逆にルターと著作の関係はおそらく濃密過ぎると言えるとすれば、カルヴァンは自分の学術的著作における個人的関心と、客観的に証明できる真理に対する感覚との間に、絶妙な均衡を維持していたかのように見える。彼は自分が神、人間、あるいは自然について事実として認識したことを大いに尊重した。彼は、神的真理が働きかけてくる前には、聖霊がそれを個人の心や精神に刻み込むにちがいないことを認識していたが、真理の客観性それ自体は、聖書の中に、神によってはっきりと啓示されているということを決して疑わなかった。また自分の研究を、神が御言葉において実際に言ったこと、あるいは諸々の出来事の中で啓示したことを解明するに過ぎないものと見なしていた。神や神の真理の客観性に関するこの確信には、弱さと強さの双方が認められる。強さは、例えば、サドレートがジュネーヴの人々に対し、将来の生活のために自分たちの運命をいっそう真剣に考え、そしてローマ教会に復帰すべきだと提案したことに対する、カルヴァンの返答によって証明される。彼は述べている。「人間的思考を自分自身のうちに閉じ込め、そして自己存在に関わる根本的動機として、神の栄光を証する熱意を全面に出さないことは、余り健全な神学ではありません。というのも私たちは何よりも神のために生まれたのであって、自分たちのために生まれてきたわけではないからです。……ただ自分の魂の救済を求め、それを確実なものとすることよりも、いっそうの高みへと上がっていくことの方が確かにキリスト教徒の役割なのです。[26]」この外向的な宗教的態度には、確かに精神の健全さを指摘できようが、そこには危険も認められる。その危険は、外見上はローマ・カトリックの儀式に従う臆病なプロテスタントであるニコデモの徒に向けた、『ニコデモの徒への弁明（回答）』という小冊子の中に明確に現れている。「彼らのあるいは私自身の意見に何ら疑問の余地はありません。私は自分が聖書の中で見つけたことを示します。そして私は、三回以上熟慮もせずに結論を性急に出すことなどしません。その上私の言っていることはよく知られていることなので、誰もあからさまに神の言葉を否定せずにそれに反論することはできません。というのも、私は自分勝手にしゃべっているのではなく、隅から隅まで私の考えを証明するために、明示された信仰の証を引き合いに出しながら、主の口を通して語っているからです。[27]」

第三の特徴は最も重要である。これは効用に対するカルヴァンの関心——おそらく執念という言葉の方がより適切であろう——である。有用性に対する考えは、カルヴァンの全著作を「赤い糸の如く」貫いていると、フリッツ・ビュッサーは、彼のカルヴァンの正義論に関する近年の研究の中で述べている。[28] われわれは以下を読む者のために、すでに、『キリスト教綱要』、『ローマの信徒への手紙』の序文、『詩編』の序文から、「利益」や「効用」、「収益」や「成果」を強調している三箇所を引用してきた。カルヴァンのほぼすべての著作の中に、何度も同じ考えが述べられていた。[29] 駆け出しの学者の頃にカルヴァンは、セネカの禁欲主義に関わる一つの問題は、無関心さであると述べていた。「人間の本性というのは、一般的な感情からかなりかけ離れたこれらの禁欲主義的矛盾よりも、実用性や快楽の見地の方からいっそう影響を受けるように形成されているのです。[30]」彼は、哲学は、神学のように、倫理を伴っているのが当然であると考えた。思考のいかなる働きも、日常の経験のために有用でなければならず、生活の中で使用された時には、（いわゆる）良き働きの「利益」を生み出さなければならず、敬虔や慈善の「成果」も生じさせなければならない。「私は、人々が私や私の意見、あるいは私が言うことに賛成するように求めることは決してありません。ただし、私が教授することは役立つことなのだと、彼らが認識するように求めることは除きます」、とカルヴァンはかつて書いていた。[31]

誰にとって有用なのかを問うことは適切なことだ。エラスムスは（『パラクレーシス』の中で述べたように）自分の研究成果が翻訳によって人々の間に浸透することを期待しながら、学識ある人々に向けて発信した。ルターは、学者に向けて発信することにはかなり臆病で、彼の最高の仕事は、自国の最も身分の低い人をも含むすべての人びとに行き渡るように、聖書を自国語に翻訳したことであった。カルヴァンはいつも通りの洞察力と平衡感覚をもって、学識者と民衆という両方の対象の重要性を感じ取っていた。初版に続く『キリスト教綱要』のラテン語版は、あたかも聖職者の適切な教育が平信徒（一般信徒）の適切な教育の鍵となるという考えに基づいて書かれているかのように、神学部の学生に向けられた。だが、彼はこれで満足しなかった。一五四一年に彼は自分のラテン語版を素晴らしいフランス語に翻訳し、結果的にそれは古典、つまり近代フランス語の形成に最も影響を与えた書物の一つとなった。序文において、彼は、聖書を学ぶ（彼自身のような）学生の義務は、探求すべき事柄を一般読者に示すことであると述べながら、聖書を読むための鍵をすべての人々に提供することが彼の目的であることを強調した。彼は従兄弟のオリヴェタンが訳した聖書をフランス語で改訂し、聖書を人々から遠ざけようとする人たちに対しては、怒りを爆発させて、「憐れな魂に風しか与えずに、飢えるに任せる、さらには食物ではなく致命的な毒を与えるとは、何と残忍なことだ」[32]と語った。彼は、とりわけフランスにおいて、当時分裂していたプロテスタント勢力が必要としていたものは、民衆の支持を失わずに知識人の知性も惹き付ける指導者であることを、並外れた直観力で感じ取っていたかのようである。一冊の、それも同じ書で、彼は目覚ましい成功を収めた。『キリスト教綱要』のような、第一級の思考を満足させることにも、民衆の敬虔に刺激を与えることにも成功した神学的著作を一六世紀という時代に見つけることは、ほとんど不可能である。[33] カルヴァンは、彼の時代、あるいはわれわれの時代のほとんどの神学者がそうであった以上に、幅広い読者層に「有用な」書物を書くことに成功した。一五五九年の序文を書いたとき、彼が楽観的だったとはとても言えない。「私は適切な配慮をもって、誰もが、何が聖書の中で探求するべき最も大事な問題なのか、そこに含まれるあらゆるものが指し示す究極目標は何かという問題に容易に答えることが出来るように、あらゆる宗派について理解しやすい要約と秩序ある集成を提供したと思っています。」

一体何のために有用なのかと問うならば、その答えは、学問は知的な解明や個人的な敬虔のためのみならず、何かもっと重大な事柄、つまり神の国の前進のために役立てられるべきであるということである。近年のカルヴァン研究者たちは、彼の思想に顕著な「社会性」を正しくも強調している。[34] ルターは「我と汝」の関係を最も深く洞察した。カルヴァンは常に「私たち」、「彼ら」、「教会」、「選ばれし者」、「神の国」に関心を払っていた。実に現実的な感覚をもって、彼は祈り、罪、恩寵、犠牲の概念を共営化した。ルターとは違う方法で、精神的に有益な「交際と対話」に関心を寄せていた。[35] この社会的関心は、驚くほどダイナミックな歴史的構想を伴っていた。カルヴァンの描く神は、忙しく、行動的で、全能なる神であり、「詭弁、うぬぼれ、怠慢、惰眠ではなく、油断のなさ、効率性、生産性、休みない活動を連想させる。[36]」そのため、神の国を建設すべき選民、行進する彼の軍隊は、ジュネーヴに固められた狭い足場から前進していく。かつて彼は、「この世界の片隅が、神の国の拡大にとっていかに重要であるかを理解したので、私にはそれを守ろうとする理由がある」と書いていた。[37] 神の国の建設は、最後の審判の日まで決して終わらないであろうが、カルヴァンの著作には、「前進する」（*progredi*）、「成長する」（*crescere*）、「向上する」（*provehi*）、などの、歴史の中でこの地上で神の国が前進し成長することを伝える、動勢ある動詞で溢れていた。カルヴァンの捉える効用とは、極端に社会的で動態的な概念だった。

最後に、この効用の概念が特に優先された理由を考察したい。われわれは、カルヴァンの学問観に見られる広範な実用主義的傾向をどのように説明するべきだろうか。最も簡単な答え方は、単にそれは当時の精神性の一部であると言ってしまうことである。古典に没頭していたイタリアのヒューマニストは、ギリシア人やローマ人の思想家の強い倫理学的傾向に魅了された。スコラ学に挑戦する彼らの主要な論点は、その非実用的な抽象的概念が、この世でより良く生きるために役に立たないということだった。結果として、無意識のうちに、多くのヒューマニストにとっての真理は、今ここで生きる上での有用性によって計られることとなった。ヨーロッパ思想における、真理の観照を目的とするアリストテレスのような哲学者と、説得的かつ実用的な形式で真理を表現することを仕事とするイソクラテスやキケロのような修辞学者の間の長年の対立は、修辞学者の勝利に終わったかのようだった。[38] ヴァッラは、「いかに上手に話せるか」を知っているだけではなく、「話す勇気」を備えている「真の雄弁家」[39]として知られることを切望し、抽象的な理念よりも人物の方にいっそうの興味を抱き、教養の倫理的な含意や応用に関心を抱いた典型的な修辞学者だった。二世代後のマキァヴェッリも、修辞学者ではなかったが、無用の真理の観照には関心を示さなかった。彼にとって政策の試金石は結果だった。つまり学問の目的は、政治的活動の中に、政治家が知っておくと有用であるような規則性を発見することだった。

神学者は、古典学者や政治家と同じように、大きなうねりが起こっている時代の思想の一部であった。コレットは、われわれが見てきたように、パウロの言葉のみならず、彼の言葉を一五〇〇年のヨーロッパに適用する可能性にも興味を示した。エラスムスは、キリストの哲学が真に受け容れられた場合の革新的結果について指摘するのが常だった。スコラ学に対する彼の反発は、初期のヒューマニストのそれであった。つまり、キリスト教徒の生活には何の役にも立たないということだった。イグナティウス・デ・ロヨラは、一五五〇年にイエズス会会則の草稿を書いた際、理論的考察よりも予想される宗教的成果の方を重視した。一五五八年、すなわちカルヴァンが『キリスト教綱要』の決定版を出す前の年に、メランヒトンは、哲学は修辞学より優れているとするピーコ・デッラ・ミランドラの主張に対する論駁を書いた。メランヒトンは哲学を修辞学の下に置き、知恵は、もし観照においてしかそれに与れないとすれば、無用のものであると主張した。つまりそれは、一般の人々に対して明瞭で理解可能な言い方で表現され、説明されなければならないということである(40)。

人間が純粋に、そして明瞭に時代の産物であるというのなら、その精神は時代の思想的潮流を正確に反映しているということであり、これで説明は尽きてしまうであろう。カルヴァンは、セネカに関する彼の著作が示すように、若い頃に古代ギリシア・ローマの著作家の倫理学的関心を吸収した。彼のヴァッラに対する尊敬の念や、ラテン語とフランス語の双方に対する好意は、彼が修辞学を高く評価していたことを意味する。聖職禄を辞退するという道徳的行為において「突然の回心」が起こったという事実は、教義の「利益」や「効果」についての彼の主張が、彼には中身のない理論などではなかったことを証明している。しかし、それよりももっと個人的な、カルヴァンに特有の何かがあるのではないかという、容易ならざる疑念が残る。ピーコも、こうした実用主義的思潮に直面していたが、スコラ学的観点を堅持した。そうした思想的潮流の影響をルターは比較的受けず、多くの修道士や神秘主義者はこれに全く影響されなかった。なぜこのカルヴァンだけが、彼の学問観において実用主義者となったのであろうか。

私は、その答えの鍵は、すでに引用した彼自身についての有名な記述の中にあると確信している。すなわち彼は『詩編に関する註解』の序文で、興味深い、意味深長な罪悪感を吐露している。ここで彼は事実上、彼の本性的傾向は、完全に研究と執筆を志向していると述べている。自分が自由の身になったら、社会から退き、本に囲まれ、そのために生まれついたかのように、純粋な学者となっていただろう、と。しかし、ルターと同様にカルヴァンにとっても、信仰は活気に満ちた、活動的なものだ。信仰は社会を変え、神の国を建設する。信仰は行動として結実しなくてはならない。堕落した教会の聖職禄を辞退する、あるいは説教や教育という仕事を神からの明確な召命として受け取る、といった具合である。そしてカルヴァンは、これまでの多くのキリスト教的学識者、そして神学部の学生と同じように、学問を愛することに罪悪感を覚えた。彼がまたも書物に逃避するならば天罰が下るように、とファレルやブツァーが祈ったとき、彼が心乱され、怯えた理由がここにある。彼の中の何かが、彼らに賛同してしまい、彼らの忠告を神の召命と見なしてそれに従った。しかし、カルヴァンは心の底では常に学者であり、生涯を通じて、読書し、執筆し、そしてまた書き直すという、多忙で慌ただしい研究生活に戻り続けた。

彼にとっては、一つのことだけが、学問に対する初期の熱意に絶えず従うことを正当化できた。それは、彼のペン先から生み出されたものが、空間的にも時間的にも遥か遠くにいる数千の読者の中に、「有用な」ものとなり、そして「実り」をもたらすことができるという考えだった。学問のための学問、純粋な愉しみだけのための読書や執筆などは、決して正当化され得るものではなかった。しかしカルヴァンが、彼の読者、そして彼自身を納得させ続ける、すなわち――人類の危機を感知し、社会的病理と関わり、キリスト教的敬虔を生み出し、信仰の根本に対するより良い理解を導き、古い伝統的なキリスト教的学問が抽象的で、死滅しかけている最中に、具体的で生き生きとしていること――これこそが学問に特有の性格であると納得させ続けることができるならば、そのとき、学問は極めて重要なキリスト教徒の天職となるだろう。これがキリスト教的な召命としてのカルヴァンの学問概念の核心であった。

結　論

われわれは、「アテネとエルサレム、アカデミーと教会との間には何の関係があるのか」というテルトゥリアヌスの問いから、この研究を始めた。われわれは、すべての非キリスト教徒たちは別にして、この問いに対する答えは一つではない――全キリスト教徒たちがこれには同意するであろう――と認めて、その結論とする。著者は最後まで歴史家として振る舞おうと努めた。つまり、自らの主題を、彼ら自身の言葉で表わし、読者には、キリスト教的学問とは何か、その主要な問題は何か、キリスト教的学識者たちがどのように自らの召命感を抱くに至ったのかということについて、学識者自身の結論を引き出せるよう努めた。しかし、ジャン・カルヴァンが、その効用全体は何か、こうした学問の「利益」や「有用性」は何かといった点については巧みに探求したようだ。一〇〇年前のドイツ的学問の隆盛期には、こうした問いかけは、極めて不適切と見なされていたことだろう。今日では、それほど不適切だとは思われない。事実、それは何かについて著作を書く者に発するべき適切で妥当な問いであるだろう。だが、書き手が哲学者でも神学者でもない以上は、彼の提示するいかなる解答も、「有用性」なるものはあらゆる真の学問から慎重に除外されるべき何かだ、と未だに感じている学界のすべての読者によって却下されて、必然的に歴史的な「付随的意見」(*obiter dicta*)にすぎないものとなろう。

これまでの議論が暗黙のうちに含んでいた問いかけとは、キリスト教徒は、精神的な損失なしに「学者」——つまり、書物に、読書と執筆に、そして批判的分析或いは哲学的解釈に身を捧げる人、学問を追究することが切り離し難い自己中心性となっている人間——になれるのかという問いである。その後の世紀において、だが宗教改革以前ではほとんどないが、この質問がひっくり返された。つまり、学者は、科学的客観性や専門性を失わずに、キリスト教徒でありうるのかということに。ここで読者にこれらの質問のいずれにも答えるつもりはない。明らかな事実としては、われわれが見てきたように、非常に多くのキリスト教徒は学者になるように呼び求められているように感じ、また学問はキリスト教の発展に重要な役割を果たしてきたということである。学問と奉仕は、キリスト教史上の意義ある時機にキリスト教徒の生においてて固く手を結んだ。これらの生とこれらの時機はそれ自体、研究に値するが、さらに学問とキリスト教を一六世紀よりももっと限定して把握している時代、この一六世紀と全く異なるわれわれの時代にも示唆を与えてくれるという理由からも、そうである。コレットとエラスムス、ルターとカルヴァンは皆、（ローランド・ベイントンの言葉を借りるならば）「温かい共感の気持ちなしには、学問は不毛であるが、しかし、冷静な判断力なしに、信頼できる成果は得られない」ということを、各々の異なる方法で学んだ。この教訓は、おそらく広く妥当する。

宗教改革の時代が適切な事例であるのだが、学問への愛とキリストへの奉仕の間に生まれる自覚的緊張は、キリスト教の伝統の健全さと活力の証であって、逆ではない。もっとも、いかなる時代であれ、キリスト教が、その活力を知識人だけに負っているというわけではない。反主知主義的なキリスト教徒も、確かに真理のある部分を摑んでいた。キリスト教信仰が重要なもの以外すべてを奪い去られてしまうとき、われわれが精神と呼ぶところのものがそれとほとんど全く関係なくなることは明らかである。キリスト教徒が、神がイエス・キリストとして、その生涯、その死と復活において行なったと信じていることは、人間の精神にはとても理解できない。しかしキリスト教の歴史を通じて、反主知主義者が、そのために精神の自由な使用は信仰にとって危険であるという結論を引き出すことは、全く安直に過ぎる。

アメリカのキリスト教史では論議はしばしば実践的な傾向をとった。単なる頭脳だけの考えに対する一種の自然な不信感が、われわれの開拓者と実業家の双方の中に深く根をおろしていたので、熱狂的なキリスト教徒が学校や神学校を認可設立することは、救われるべき名うての罪人が多く、彼らを救うにあせりを感じるあまり、しばしば困難を極めた。ベイナード・ラッシュ・ホールは、一八二〇年代にインディアナ州奥地のコミュニティ（村）へと出向く、ある巡回説教師の訪問について語った。その「集会」はある近隣の家で開かれたが、その床の直下では豚やガチョウが飼われていた。この説教師は椅子を説教壇がわりに使い、大事な点を強調したいときにこれを叩いた。彼は、「この辺りの民衆には」と、ホールと家族を一瞥し、語り始めた。「罪人たちに対して、救われなければ永遠に苦しむと告げる前に、説教師たちには高い学識がいると考えている者がいる。しかし、そうではないと私は思う（ここで彼は椅子を叩き、床の下から鳴き声が答えた）。否、否！　この福音書を物語ったわれらが使徒は、学校に頼ることもなく、学位を持ち歩いてもいなかった。否、絶対に（バン！バン！　と椅子を叩き、家畜の鳴き声が続いた）。おお、俗物たちよ！　最初の説教師たちが、学問を手に入れるまで留まっていたとしたら、お前たちはお前たちの罪にまみれたままで死んでいた。否、否！　霊魂は学問より大事だと言っているのだ。」著者ホールは家族がいつもこのような集会から戻ってきて「学識と才能がある敬虔な牧師というものは、結局のところ、皆が見なしている程問題はないとの気持ちになった」(1)と述べている。ほんの数年前、同じように考えている人々の集団が、ニュージャージー州のプリンストンに神学校を創設した。彼らの一人が「この聖職（Holy Ministry）における敬虔と学識の統合の重要さは教会的英知の根本的な原理の一つであり、時代毎の経験が益々これを確信させてくれるのに役立つ」と書いた。そして彼らの神学校の「構想」で、彼らは「学識のない宗教、あるいは宗教のない学識は、福音を担う牧師職においては、結局は教会にとって害をなすことを認識しなくてはならない(2)」と言明した。

精神と「霊」（the sperit）との対照性は常に鮮明に示されてきたわけではないが、両者の緊張は、キリスト教史に常に存在していた。それは宗教改革の時代には、聖霊に重きを置くキリスト教的革命家トマス・ミュンツァーと、書かれた神の言葉に重きを置くマルティン・ルターの間の対照性に代表されるような仕方で、しばしば顕在化した。ミュンツァーは「たとえ一〇万冊もの聖書を飲み込んだとしても、神の生きた証を受け取ったことのない者は、神を本当に理解してはいない」と述べていた。ルターは「羽まで丸ごと聖霊を飲み込んだ」としても決してミュンツァーに耳を傾けることはないと語っていた。(3)

思うに、ほとんどの歴史家は、常に「学識のない宗教、宗教のない学識」は教会にとって有害であることが示されてきたというプリンストン神学校の創設者の考えに賛同の意を表してくれるだろう。他のあらゆる宗教と同じように、キリスト教は、常軌を逸した熱狂的な過激集団、蒙昧主義者、迷信や恐怖の扇動者に周期的に苦しめられてきた。教育を受けた聖職者の精神や忍耐力以外に、これらの人たちに対する真に効果的な手段など一つもなかった。また、どんな時代でも、教育を受けた聖職者のほうが、少数の真の学者や創造的な精神よりも有能であることは決してないと主張する人がいるかもしれない。しかしながら、キリスト教のいかなる世代においても、思考と著作、説教と教育の質に決定的な影響を与える最高水準の知的職務の担い手は、実はそのような聖職者である。彼らは宗教的伝統そのものを純化し、宗教的伝統とそれを取り巻く文化とを結び付け、そして科学的発見を評価するために研究を行なっている。彼らはキリスト教の原動力では決してない。むしろ彼らは駆動軸の調整装置なのだ。言うなれば、彼らの仕事は周辺の文化の中で成長するチャンスをキリスト教に与えている。彼らは土壌を耕し、枯れた枝を刈り取り、そして新しい幹を接ぎ木する。神はその成長を是認する。

従って、学問はキリスト教徒の間で高度に重要な意義を有する至当な召命である。このことは、もともと学者や知識人によって開始された運動の後継者であるプロテスタントの間で、特に真実性を持つであろう。後続するキリスト教世代のそれぞれが直面する学問の課題は、それぞれ異なっているが、根本的な課題は同一である。例えばコレットやエラスムスが自身に課した源泉への回帰という仕事は、永久にキリスト教にとって重要であるが、特に一六世紀や現代のような、混迷する社会変化をともなう激動の時代においては、なおさらのことである。こうした時代は特に、神秘的体験として出会うキリストの中に、イエスという歴史的人物を見失いそうになる。アルベルト・シュヴァイツァーは二〇世紀において、医師、音楽家、伝道師として途方もない経歴を歩み始める前、「歴史的イエスの探求」を行なったが、こうした探求は、キリスト教が歴史的次元から切り離された神秘的祭儀になるべきでないならば、かわらず重要である。これらの間で、考古学と様式批評学は、キリスト教の起源についての現在のわれわれの認識について、エラスムスやルターの名と結びついた革命にも匹敵するような変革を引き起こしている。キリスト教徒が神は人間になったと信じる限り、文献学者、考古学者、そして歴史学者は、彼らが宗教改革期に初めて明確にキリスト教的学問において得た重要な地位を今後も占め続けるであろう。

四世紀前のキリスト教的学識者の他の仕事も、われわれの時代と類似点を有しているが、これまでにない固有の問題も存在する。今も翻訳は創造的な活動となり得よう。聖書の標準的な改訂版は、一世紀のパレスチナを二〇世紀のアングロ＝サクソンにだいぶん近づけたが、使徒書簡に関するJ・B・フィリップスの新版や福音書に関するJ・V・リューの新版は、それぞれの方法で、両者の距離をいっそう近づけた。註解については、一九一八年に出たカール・バルトのローマ書簡に関する註解書のように、依然として革命的であり得るものがある。今日の文化に対する深淵なる洞察のすべてをもって、キリスト教を再解釈しようという終わりのない試みが、ラインホルト・ニーバーやパウル・ティリッヒといった神学者たちによって続けられている。カルヴァンやアクィナスの衣鉢を継ぐこれらの野心家たちは、当然のことながら、宗教改革者たちにはほとんど知られていなかった問題に全身全霊で取り組まなければならない。その問題とは主として、高度に発展した自然科学という新たな思考方法に由来する、人間の本性と世界に対する新たな洞察をいかに評価するかということである。先例のない課題に見えるが、実はそうでもない。アリストテレスの論理学をキリスト教のために適用することがアクィナスにとって困難な知的偉業であったのと同じ位に、古典的文献学の批判的方法を適用することはエラスムスにとって困難なことであった。そして今日について言えば、ティリッヒがキリスト教的人間観のために精神分析学の重要性を探ることも、同じ位困難な知的偉業である。今日の専門性を修得することはさらにはるかに困難であるが、問題とされていること自体には何ら目新しさはない。

一六世紀のヨーロッパと二〇世紀のアメリカとの間には、ある重要な相違点がある。アメリカでは、規模の大きい世俗の大学と、独立した教会団体が創設した神学校とは制度的に分離独立しているが、こうしたことについてコレットとエラスムス、ルターとカルヴァンは何も知らなかった。ヨーロッパの最も古い大学は大抵、宗教的基盤に立って創設されたが、そうした大学が世俗化していくに従い、宗教教団が聖職者や牧師を養成するための自前の組織を創設するようになっていった。それ故、神学部が重要な部分を構成している少数の大学を除けば、世俗的な学者の集団は、キリスト教的な学者集団からははっきりと距離を置く傾向にある。

結局のところ、こうしたことが大学あるいは神学校にとって有意義であると断定することはできない。大学に関して言えば、オックスフォードのマージョリー・リーヴスが、自身のイギリスでの経験に基づく鋭い指摘を行なっている。大学における伝統的な目的は常に二つあり、知を探求すること、社会の専門的な役割を担わせるために若者を訓練することにあった。要するに、研究と教育の促進である。かつてこれら二つの目的は、キリスト教という文脈の中で一つに結び付いていたが、現在ではこのことは、少なくとも理論上は当てはまらない。純粋に世俗的な大学では、これら二つの目的はバラバラとなり、研究は学問的栄誉に対する願望以上に高い目的によっては動機づけられず、教育も数ある特定職業のための単なる訓練となった。リーヴス女史によれば、こうして、われわれには「無責任な学問が一方に、同じく無責任な専門技術が他方にあって、私たちの文化に悲惨な結果がもたらされること」[4]になる。神学校の典型的な危険は、世俗的思想や世俗的研究との日常的で密接な関係からの、職業専門的な孤立である。この関係はかつては、アクィナスの時代の中世の大学やヴィッテンベルクのルターの小さな大学を、将来の聖職者や牧師の養成所として刺激的で実りある場所にしていたのだが。

確かにジュネーヴにあるカルヴァンのアカデミーは、後世の分裂を予告していたかもしれないが、コレットやエラスムス、ルターやカルヴァンは、「世俗一辺倒」の大学も「教団一辺倒」の神学校も知らなかった。危険なことは、われわれの神学校が、他分野における質の高い研究との実り多い接触の全くない、単なる牧師の「職業学校」となり、われわれの大学が、宗教研究とすっかり袂を分かった、純粋に非宗教的な研究と教育の中心地となってしまうことだろう。その唯一の解決策は、二〇世紀の社会に中世の大学を復活させることではない。この複合的な社会では、世俗の大学と神学校の再結合などは非現実的である。実現可能性のある唯一の解決策は、いっそうの成果を約束するこれら二つの組織間の人的交流を通した、組織の着実な発展に求められるのではなかろうか。キリスト教的学問と世俗の学問が決定的に分裂するという危険は、神学校と大学の双方におけるもっと多くの男女がキリスト教徒に相応しい召命としての学問観と、学者に相応しい任務としてのキリスト教観を持つならば、ようやく避けることができる。

監訳者あとがき

よく考え抜かれている書物はすばらしい。それが決して大著でないとしても。否、むしろ頁数で叶わない本はそうあるべきなのであろう。ここに訳出されたエルモア・ハリス・ハービソン（Elmore Harris Harbison 1907–1964）の書（*The Christian Scholar in the Age of the Reformation*）もそのような一冊だと思う。一九五六年に初版（New York: Charles Scribner's Sons）が、一九八〇年に再版（Philadelphia, PA 19107: Porcupine Press inc.）が出た。表題にある The Chrisitian Scholar はキリスト教徒にして学者であることの意義を問う本書の、もちろんキーワードである。ここでは、ややぎこちないものの「キリスト教的学識者」としてみた。

ハーバード大学で Ph.D を取得し、プリンストン大学の歴史学教授だったハービソンのことを私が知ったのは、追憶記念論集、*Action and Conviction in Early Modern Europe. Essays in Memory of E. H. Harbison* (edited by Theodore K. Rabb and Jerrold F. Seigel, Princeton University Press. Princeton, New Jersey, 1969) のためであった。この中に収められている論文一編をどうしても読まなくてはならず、入手した。この機会に久しぶりに本書を繙くと、二部に分かれる中、二十編の論考があり、英語圏の錚々たる学者、学識者の論集だったことが分かる。

ハービソンの写真も一葉ついていて親しみを感じたので、彼の単著を読むことにした。それが本翻訳書であり、彼の主著といっていいだろう。宗教改革時代の専門家らしく、コレット、エラスムス、ルター、カルヴァンに詳しいが、彼らに至るまでの古代の教父学者ヒエロニムスとアウグスティヌス、中世の神学者アベラールとトマス・アクィナス、ルネサンスの人文主義者ペトラルカ、ヴァッラとピーコたちが彼らと有機的に関連づけられて、実に興味深い。アメリカ人の著書であるので、本文中に、研究者や学者以外にジェファソンの名が出るのには驚かないが、当時、世界的に名声を博し、来日したこともあるトインビーの名が挙がるのは時代を感じさせよう。これは著者が「文明」に関心があったからでもある。ルネサンスや宗教改革時代を扱った本は邦語で翻訳を含めて少なからずあるが、これほどまでに問題意識をコンパクトに纏めたものはないのではなかろうか。もう半世紀以上の前の作であるが、私には新しい。

下訳三人は、私が担当していた早稲田大学大学院（教育学研究科及び文学研究科）の授業を取っていた教え子たちである。大川なつかさんはコレットが専門であり、最初にこの訳を試みるに相応しいと思った。初めに全訳をしたのは彼女である。高津秀之・美和夫妻とは少々前に『原典イタリア・ルネサンス人文主義』で共訳を行ったし、なによりも互いに時間があるときにデリオ・カンティモーリ読書会を続けたこともある。今や宗教改革時代の専門家に育ちつつある彼らには同時代を中心に検討してもらった。なお原書にはない人物名の見出しを本文に入れて幾分か読みやすくした。邦訳のあるものは適宜参照し、使わせていただいたが、基本的には本文原文に従うように努めた。最終的な責任はむろん監訳者の私にあり、見落としている過ちや誤解も少なからずあることだろう。ご指摘をいただけるなら、幸いである。

最後に、知泉書館の小山光夫氏には、この書を含む「ルネサンス叢書」の企画を話し、同社の高野文子さんも交えておおいに話し合ったことがある。これはその先陣を切る一冊目である。私は、翻訳大国日本といえども、良書が必ずしも訳されていず、あるいはあまり注目されてこなかったことを残念に思っており、そのような中から翻訳計画を立て、ご相談したのである。できるだけ多くの方に読んでもらいたい一冊がこうして世に出る。

二〇一四年秋　トレントに発つ前に

根占献一

本書の出版にあたっては、平成二六年度学習院女子大学研究刊行助成を受けた。

根占 献一（ねじめ・けんいち）

学習院女子大学国際文化交流学部教授。早稲田大学大学院文学研究科博士課程単位取得退学。博士（文学，早稲田大学）。ルネサンス文化・思想史専攻。
〔主要業績〕『ルネサンス精神への旅――ジョアッキーノ・ダ・フィオーレからカッシーラーまで』（創文社，2009年），『フィレンツェ共和国のヒューマニスト――イタリア・ルネサンス研究（正）』（創文社，2005年），『共和国のプラトン的世界――イタリア・ルネサンス研究（続）』（創文社，2005年），『東西ルネサンスの邂逅――南蛮と禰寝氏の歴史的世界を求めて』（東信堂，1998年），『ロレンツォ・デ・メディチ――ルネサンス期フィレンツェ社会における個人の形成』（南窓社，1997年）。「時の人フィチーノとコペルニクス」（甚野尚志・益田朋幸編『ヨーロッパ中世の時間意識』知泉書館，2012年），「フマニタス研究の古典精神と教育――イエズス会系学校の誕生頃まで」（浅野啓子・佐久間弘展編『教育の社会史――ヨーロッパ中近世』知泉書館，2006年）。

大川 なつか（おおかわ・なつか）

立正大学，秀明大学ほか非常勤講師。博士（教育学，早稲田大学）。教育思想・教育史専攻。

高津 秀之（たかつ・ひでゆき）

東京経済大学経済学部専任講師。博士（文学，早稲田大学）。ドイツ近世都市史・宗教改革史専攻。

高津 美和（たかつ・みわ）

早稲田大学，学習院女子大学ほか非常勤講師。早稲田大学大学院文学研究科博士後期課程単位取得退学。イタリア・ルネサンス史専攻。

〔キリスト教的学識者〕 ISBN978-4-86285-205-2

2015年2月20日 第1刷印刷
2015年2月25日 第1刷発行

監訳者 根占献一
発行者 小山光夫
製版 ジャット

発行所 〒113-0033 東京都文京区本郷1-13-2
電話03(3814)6161 振替00120-6-117170
http://www.chisen.co.jp
株式会社 知泉書館

Printed in Japan 印刷・製本／藤原印刷

索　引

ア　行

カ　行

サ　行

タ　行

ナ・ハ　行

マ　行

ヤ・ラ　行

原　注

第１章　キリスト教的召命としての学問

1）　*De praescriptione haereticorum*, 7, and *Apologeticus*, 46, in C. N. Cochrane, *Christianity and Classical Culture*, London, 1944, pp.222-223.

2）　Mat.XI: 25. *The Bible: A New Translation* by James Moffatt. Copyright 1922, 1935 and 1950-Harper & Brothers.Used by permission より引用。

3）　Luke XI: 52. Moffatt.

4）　I Cor.I: 19-21. Moffatt.

5）　I Cor.III: 18.

6）　Luke IV: 14-21.

7）　I Cor.XII: 29, 30.

8）　以下参照。*A Monument to Saint Jerome*, ed. F. X. Murphy, New York, 1952, pp.216ff., and C. N. Cochrane, *Christianity and Classical Culture*, 2nd. ed., London, 1944, 特に Chap.VI.

9）　Robert Payne, *The Fathers of the Western Church*, London, Heineman, 1952, p.106.

10）　Epistle 22, par. 30（384 A.D.）in *Saint Jérôme: Letters*, ed. Jérôme Labourt, 3 vols., Paris, 1949-52.Translation in *St. Jerome: Letters and Select Works*, in *A Select Library of Nicene and Post-Nicene Fathers*, 2nd. series, Vol.VI, New York, 1893.

11）　Ferdinand Cavallera, *Saint Jérôme*, Paris, 1922, II, 77-78; Paul Monceaux, *Saint Jérôme: sa jeunesse*, Paris, 1932, pp.119-128; and E.A.Quain, “St.Jerome as a Humanist,” in *A Monument to St.Jerome*, New York, 1952, pp.228-229.

12）　Sulpitius Severus (quoting Postimianus), Dialogue I, chap.9, in *A Select Library of Nicene...Fathers*, Second Series, Vol.XI, New York, 1894. ヒエロニムスの翻訳原則に関しては，以下を参照。W.Schwarz, *Principles and Problems of Biblical Translation*, Cambridge University, 1955, pp.26-37.

13）　Ep.53.

14） *Letters and Select Works*, VI, pp.489-490.

15） Ep.70（397 A.D.）約 14 年前に，彼は教皇ダマススに宛てた書簡の中で，同一文を同様に解釈した。Ep.21, par.13 を参照。

16） Monceaux, *op.cit*., p.237.

17） Ep.53, par.7.

18） Cotidie exposcor fidem, quasi sine fide renatus sim. Confiteor ut volunt: non placet. Subscribo: non credunt. Ep.17, par.3.

19） 以下のことについては，特に Vernon J. Boueke, *Augustine's Quest for Wisdom*, Milwaukee, Bruce Publishing Co., 1944; and Whitney J. Oates, ed., *The Basic Writings of Saint Augustine*, 2 vols., New York, Random House, 1948. 以後，引用は出版者の許可により，この版からである。

20） *Sermo* 118, quoted in *A Monument to St.Augutine*, London, 1930, p.159.

21） *Confessions*, Book III, chap.4.

22） *Confessions* IV, 16.

23） *De Doctrine Christiana*, Book II, chap.40. Cf., Quain in *A Monument to St. Jerome*, pp.220-223.

24） *Confessions* VII, 20.

25） *Confessions* VIII, 8.

26） *Contra Academicos* III, 20, 43, in Vernon J.Bourke, *op.cit*., p.74.

27） *City of God*, Book VIII, chap.I.

28） Jerome, *Letters and Select Works*, VI, *passim*. Cf. Vernon J. Bourke, *op.cit*., pp.150-152; W. Schwarz, *op.cit*., pp.37-44.

29） 以下のことについては，諸書を参照。C. H. Haskins, *The Renaissance of the Twelfth Century*, Cambridge, 1928, pp.47-28, 351-381; Helen Waddell, *The Wandering Scholars*, 4th ed., Boston and New York, 1929, pp.104-111; A. C. McGiffert, *A History of Christian Thought*, New York, Scibners, 1933, II, pp.201-221; とりわけ Richard P. McKeon, "Renaissance and Method in Philosophy," *Studies in the History of Ideas*, New York, Columbia University Press, III (1935), pp.37-114.

30） H. Rashdall, *The Universities of Europe in the Middle Ages*, Oxford, 1895, I, p.289.

31） Latin text edited by J. T. Muckle, "Abelard's Letter of Consolation

to a Friend, "*Mediaeval Studies*, XII (1950), pp.175-211. Trans. J. T. Muckle, *The Story of Abelard's Adversities*, Toronto, 1954 には，有用な注がついている。時には以下のより生き生きとした翻訳文に従った。Cf., C. K. Scott Moncrieff in *The Letters of Abelard and Heloise*, New York, Knopf, 1926.

32）以下を参照。Muckle in *Mediaeval Studies*, XII（1950），pp.173-174. アベラールは，ヒエロニムスやその他の著述家に言及してエロイーズの論拠を整わせたように思われる。

33）McGiffert, *op.cit.*, II, 216; McKeon, *loc.cit.*, pp.65-69.

34）Waddell, *op.cit.*, p.106.

35）McKeon, *loc.cit.*, 61, referring to *Theologia Christiana*, Book III, in Migne, *PL*, 178, 1213.

36）以下のことについては，諸書を参照。Anton C. Pegis, ed., *The Basic Writings of Saint Thomas Aquinas*, New York, Random House, 1945; Jacques Martain, *St.Thomas Aquinas*, London, Sheed, 1931; McGiffert, *op.cit.*, pp.257-294; and John F. McCormick, *St.Thomas and the Life of Learning,* Milwaukee, 1937.

37）Maritain, *op.cit.*, p.37.

38）William of Tocco's account, quoted in R. B. Vaughan, *The Life and Labors of S.Thomas of Aquin*, Albany, 1874, p.496, note.

39）Maritain, *op.cit.*, pp.44-46, 51.

第２章　学芸復興（ルネサンス）

1）P. S. Allen, *The Age of Erasmus*, Oxford, 1914, pp.112-113. 学芸復興一般の主題については，Myron P. Gilmore, *The World of Humanism*, New York, 1952, Chap.VII を参照。

2）Richard McKeon, "Renaissance and Method in Philosophy," *Studies in the History of Ideas*, New York, Columbia University Press, 1935, III, pp.62, 67-71, 75, 79-89, 93-95. この論文の中身は，アベラール，エラスムス，ルターの鋭い比較に割かれている。

3）Erwin Panofsky, "Renaissance and Renascences,"*Kenyon Review*, VI, no.2（Spring 1944）, pp.227-228, and *passim*. 以下も参照。T. E. Mommsen, "Petrarch's Conception of the Dark Ages,"*Speculum*, XVIII

(1942), pp.226-242; and Myron P.Gilmore, "Fides et Eruditio: Erasmus and the Study of History," in *Teachers of History*: *Essays in Honor of Laurence Bradford Packard, Ithaca*, 1954, pp.17-24.「俗人の学問」としての文献学については，以下を参照。W. K. Ferguson, "Renaissance Tendencies in the Religious Thought of Erasmus,"*Journal of the History of Ideas,* XV（1954), p.505.

4） McKeon, *loc. cit*., pp.62, 79. アベラールはヒエロニムス（Ep.22）に言及した。

5） *Petrarch's Secret*...trans.Wm. H. Draper, London, Chatto and Windus, 1911, pp.45-46, 99, 138. 以下の引用は許可を得て使用している。

6） *Ibid*., pp.166-170.

7） *Ibid*., pp.176, 184-192.

8） *Ibid*., p.163.

9） *The Renaissance Philosophy of Man,* ed., Ernst Cassirer, P. O. Kristeller, and J. H. Randall, Chicago, University of Chicago Press, 1948, pp.113-115.Copyright 1948 by the University of Chicago. 以下のペトラルカとピーコからの引用は許可を得て用いる。

10） *Ibid*., p.105.

11） *Ibid*., p.127.

12） 近年，ヴァッラに関する批判的な研究は見当たらない。ヴァッラに肩入れしすぎているが，有用な説明がなされているものとして，以下を参照。Girolamo Mancini, *Vita di Lorenzo Valla*, Florence, 1891. またルノーデは，簡潔ではあるが鋭い描写を持つ研究を提示している。A. Renaudet, *La fin du moyen-âge*, Paris, 1931, I, p.513ff.

13） *The Treatise of Lorenzo Valla on the Donation of Constantine*, trans.C. B. Coleman, New Haven, Yale University Press, 1922, pp.84-85.

14） *In novum testamentum ex diversorum utriusque linguae codicum collation adnotationes*, first published by Erasmus at Paris in 1505. 以下に引用した1541年版を使用。Mancini, *op.cit*., pp.238-243; W. Schwarz, *Principles and Problems of Biblical Translation*, Cambridge University, 1955, pp.132-134.

15） *Lavrentii Vallae....in Nouum Testamentum Annotationes....cum Erasmi Praefatione....*, Basel, 1541, fol.133.

16） *Ibid*., fol.137v.

17） *Ibid.*, fol.140.

18） *Ibid.*, fol.12.

19） ルノーデは前掲書において，ヴァッラの見解は基本的に世俗的であったという見方を提示している。対照的な研究として，以下を参照。Mancini, *op.cit.*, pp.327-328; Giuseppe Toffanin, *History of Humanism*, New York, 1954, pp.159-167; C. E. Trinkaus, Jr., in *The Renaissance Philosophy of Man*, ed.Cassirer, Kristeller, and Randall, Chicago, 1948, pp.147-154; and H. J. Grimm, "Lorenzo Valla's Christianity,"*Church History*, XVIII (June 1949), pp.75-88.

20） *The Renaissance Philosophy of Man*, pp.151-152.

21） Mancini, *op.cit.*, p.331.

22） ピーコに関する最良の研究として，E.Garin, *Giovanni Pico della Mirandola: Vita e Dottrina*, Florence, 1937 を参照。また，以下の文献も参照。*Giovanni Pico della Mirandola: His Life by his Nephew Giovanni Francesco Pico*, trans. Sir Thomas More, ed. J. M. Riggs, London, 1890.

23） *Essays*, III, II.

24） *Pico: His Life*, trans.Thos More, p.16.

25） *Ibid.*, p.xviii.

26） Riggs, *ibid.*, pp.xiv, xxxvii.

27） In"Giovanni Pico della Mirandola,"*Journal of the History of Ideas*, III (1942), pp.123-144 and 319-346. とりわけ pp.131, 327-328, 337.

28） "Oration on the Dignity of Man," in *The Renaissance Philosophy of Man*, University of Chicago Press, 1948, pp.240-244.

29） *Pico: His Life*, trans.Thos More, p.22.

30） Cf.,Cassirer, *loc., cit.*, p.337.

31） "Oration,"*loc.cit.*, p.252. 強調は本書の著者による。

32） 権威ある一次史料は，エラスムスの手になる描写である。P. S. Allen, *Opus Epistolarum Erasmi*, Oxford, 1906-47, IV, Ep.1211, pp.507-527; trans.by J. H. Lupton in *The Lives of Jehan Vitrier…and John Colet…by Erasmus*, London, 1883［以後，Erasmus, *Vitrier and Colet* と略記］．また J. H.Lupton, *A Life of John Colet*, London,1887; and Frederic Seebohm, *The Oxford Reformers*, London, Everyman, 1914 (1st ed.1867). なお，*The Life of Colet* by J. A. R. Marriott, London, 1933 に

は何ら新しい点は加えられていない。

33） Erasmus to Servatius Roger, 8 July 1514, Allen, *Opus Epistolarum*, I, Ep.296; Erasmus, *Vitrier and Colet*, pp.31-32, 26; Thomas More to a Monk, 1519-20, *The Correspondence of Sir Thomas More*, ed.Elizabeth F.Rogers, Princeton, 1947, p.192.

34） "A ryght fruitfull monicion concernynge the order of a good christen mannes lyfe,"in Lupton, *Life*, pp.305-310.

35） Lupton, *Life*, p.265.

36） Erasmus, *Vitrier and Colet,* pp.30-31, 46.

37） Erasmus, *Vitrier and Colet,* p.22; Lupton, *Life*, pp.45-58. コレットがイタリアを訪れた時期については，以下を参照。W. K. Ferguson in Amer.Historical Review, XXXIX (1934), pp.696-699.

38） とりわけ，P. Albert Duhamel, "The Oxford Lectures of John Colet," *Journal of the History of Ideas*, XIV (Oct.1953), pp.493-510 を参照。デュアメルは，マッケオンの議論の枠組みの中にコレットを置いている（前掲注２参照）。Lupton, *Life*, p.59-87 および Seebohm, *op.cit.*, pp.17-24 も参照。ラプトンは，コレットの講義やその他の著作を編集している。これについては，以下を参照。John Colet, *An Exposition of St.Paul's Epistle to the Romans*, London, 1873; *An Exposition of St. Paul's First Epitle to the Corinthians*, London, 1874; *Letters to Radulphus...with other treatises* [including the second "Exposition of St.Paul's Epistle to the Romans"], London, 1876.

39） 以下のことについては，以下を参照。Beryl Smalley, *The Study of the Bible in the Middle Ages*, 2nd ed., Oxford, 1952, 特に pp.292ff., 363; Robert M.Grant, *The Bible in the Church: A Short History of Interpretation*, New York, 1948, pp.98-108.

40） Seebohm, *op.cit.*, p.17; Duhamel, *loc.cit.*, p.496.

41） Colet, *Romans*, p.145.

42） *Ibid.*, p.227.

43） *Ibid.*, p.142.

44） Lupton, *Life*, p.75.

45） Duhamel, *loc.cit.*, p.506.

46） Colet, "Exposition…Romans,"*Radulphus*, p.127. コレットのアウグスティヌス主義については，以下を参照。E. F. Rice, Jr., "John Colet

and the Annihilation of the Natural, "*Harvard Theological Review*, XLV (July 1952), pp.141-163.

47） Lupton, *Life*, pp.86-87.14，15世紀の聖書注解は，コレットの解釈へ向かっていた。それらは，新たに神秘的な含意を強調しつつ，自然主義的な細目や世俗的な含意への高い関心を示した。Smalley, *op.cit.*, pp.359-373を参照。

48） Duhamel, *loc.cit.*, p.503, note.

49） *Treatise on the Donation of Constantine*, ed., Coleman, p.23.

50） Lewis Einstein, *The Italian Renaissance in England*, New York, 1902, pp.16, 34, 37, 38.

51） Colet, *Romans*, p.175.

52） In Lupton, *Life*, pp.90-93.

53） Erasmus, *Vitrier and Colet*, p.39.

54） Colet, *I Corinthians*, p.110.

55） Rice, "John Colet and Annihilation of the Natural," *loc. cit.*, pp.152-161.

56） Colet, *Two Treatises on the Hierarchies of Dionysius*, ed.J. H. Lupton, London, 1869, p.219; Erasmus, *Vitrier and Colet*, p.37.

57） Erasmus, *Vitrier and Colet*, p.38.

58） Lupton, *Colet*, pp.225-226.

59） Colet, *Romans*, p.209.

第３章　エラスムス

1） コレットがエラスムスに与えた影響については，以下を参照。F. Seebohm, *The Oxford Reformers*, London, Everyman, 1914, pp.69, 99ff., 294, and *passim;* J. H. Lupton, *Life of John Colet*, London, 1887, pp.96-101, 109-113, and *passim;* J. B. Pineau, *Erasme: Sa pensée religieuse*, Paris, 1924, pp.89-100; W.Schwarz, *Principles and Problems of Biblical Translation*, Cambridge University, 1955, pp.110, 111, 114, 120. エラスムスが，コレットとの親交によって，決定的ではないにせよ強く影響を受けたとするこれらの見方に対し，あまり説得力はないが異議を唱えたものに，A. Hyma, "Erasmus and the Oxford Reformers, 1493-1503, "*Nederlandsch Archief voor Kerkgeschiedenis*, XXV (1932), N. S.,

pp.69-92, 97-134を参照。また，同じ著者の続編“1503-1519,”*loc.cit.*, XXXVIII (1952), pp.65-85もほぼ同様の主張である。E. F. Rice, Jr., “John Colet and the Annihilation of the Natural,” *Harvard Theological Review*, XLV (July 1952), pp.141-163は，アウグスティヌス主義者のコレットとヒューマニストのエラスムスの大きな相違を正しく強調し，エラスムスが，オックスフォードの講義での実際のコレットよりも，彼の死後，1521年に作り上げたコレットのイメージからより影響を受けたと示唆している。今日の様々な研究目的にとっては，往復書簡に示されているようなエラスムス自身のコレットに対する諸々の感情は重要である。こうした証言に関する私自身の解釈については，後述する。

2） E. F. Rice, Jr., “Erasmus and the Religious Tradition, 1495-1499, ”*Journal of the History of Ideas*, XI (Oct.1950), pp.387-411とりわけ404.Also J.Huizinga, *Erasmus of Rotterdam*, London, Phaidon Press, 1952, chaps.I-III; P. S. Allen, *The Age of Erasmus*, Oxford, 1914, chaps. I-IV; and Schwarz, *op.cit.*, pp.95-107.

3） Lupton, *Colet*, p.109.

4） P. S. and H. M. Allen, *Opus Epistolarum Des.Erasmi Roterodami*, Oxford, 1906-47（以後，Allenと略記），Vol.I, Epistle 116; trans. in F. M. Nichols, *The Epistles of Erasmus*, London, 1901-18（以後，Nicholsと略記），Vol.I, Epistle 105. アレンが指摘したような，この出来事を，オックスフォードへの「エラスムスの訪問の後半」と位置づける十分な理由を，私は見つけることができない。

5） Allen, IV, Ep.1211, p.520; Erasmus, *Lives of Vitrier and Colet*, trans. J. H. Lupton, p.33. Cf. Seebohm, *op.cit.*, pp.61-67. 私は，この出来事は，エラスムスが1499年に最初にコレットを訪ねている間に起こったと――彼はそのように述べていないが――見なす。この出来事は，エラスムスにとっては非常に印象深く，このためよく覚えていたが，コレットに説得されるほどには印象づけられなかった。『新約聖書』の「ローマの信徒への手紙」（I: 4）の注において，彼はアクィナスについて次のように記している。「スコラ学者の中に，彼のように勤勉で，より健やかな性格を持ち，もっとも確固たる学識を備えている者は一人としていない。……彼はギリシア語とヘブライ語を習得さえしていれば，熟練した精神が何に到達したであろうかと考えてみたま

え。」E. L. Surtz, “The Oxford Reformers and Scholasticism, ” *Studies in Philology*, XLVII（1950）, p.550.

6） Allen, I, Eps.109, 110, 111; Lupton, *Colet*, pp.101-108; J.B.Pineau, *Erasme: sa pensée religieuse*, Paris, 1924, pp.97-100. ついでながら，カルヴァンはエラスムスに同意した。*Institutes* II, 16, 12.

7） Allen, I, Ep.108,; Nichols, I, Ep.108. Cf. Lupton, *Colet*, pp.109-113; Pineau, *op.cit.*, pp.91-97; Schwarz, *op.cit.*, pp.114-120.

8） W. Schwarz, *Principles and Problems of Biblical Translation*, Cambridge University Press, 1955, pp.120-121 は，コレットがヘブライ語とギリシア語の原典の重要性を理解していなかったので，「1499 年にギリシア語を習得したいというエラスムスの願いが，聖書研究と関係していたとは全くありそうもない。……彼がイングランドで，神学研究にとってのギリシア語の意義を十分に理解していたという証拠もない。……彼がその言語を知る前に，そして自らウルガータのラテン語文とギリシア語聖書との間の不一致を発見する前に，どうやって彼は神学研究のためにギリシア語の価値を判断することができただろうか？　あらゆる伝統に反するこうした考えに到達するのに，誰も彼を助けることなどできなかった」と論じている。この議論に説得力はあるが，決定的とは言えない。本論以下を参照。

9） Allen, I, Ep.149; Nichols, I, Ep.143. Allen, I, Ep.181; Nichols, I, Ep.180.

10） Allen, I, Ep.139; Nichols, I, Ep.139.

11） Allen, I, Ep.138; Nichols, I, Ep.132.Allen, I, Ep.139; Nichols, I, Ep.139.

12） 当時のエラスムスの召命感の緩慢な発展については，Schwarz, *op.cit.*, pp.120-138, 141, 161.

13） Allen, I, Ep.22; Nichols, I, Ep.29. Allen, I, Ep.139, l. 42; Nichols, I, Ep.139. Allen, I, Ep.141; Nichols, I, Ep.134. Cf. Allen, *The Age of Erasmus*, Oxford, 1914, p.138.

14） *Desiderii Erasmi Roterodami Opera Omnia*, ed.J. Clericus, Lugduni Batavorum, 1703-6, Vol.V. column 66B（以後，*Opera, L.B* と略記）; trans. in P.S.Allen, *Erasmus: Lectures and Wayfaring Sketches*, Oxford, Clarendon Press, 1934, pp.42-43. Cf. Allen, I, Ep.164, p.375.

15） Allen, I, Ep.181; Nichols, I, Ep.180.

16） Reprinted in *Laurentii Vallae Opera*, Basel, 1540, pp.803-875. エラスムスの序文は，Allen, I, Ep.182; Nichols, I, Ep.182. この序文は，以下でも繰り返されている。Reuchlin's *De Rudimentis Hebraicis*, published in 1506. Schwarz, *op.cit*., p.137 を参照。

17） Allen, *Erasmus*, pp.70-71. Allen, *Age of Erasmus*, p.140. Preserved Smith, *Erasmus*, New York and London, 1923, pp.186-187.

18） To Servatius Roger, 8 July 1514, Allen, I, Ep.296, p.570; trans.by Barbara Flower in J. Huizinga, *Erasmus*, Phaidon Press, 1924, p.216. 許可を得て使用する。エラスムスの翻案に関しては，以下を参照。Allen,*Erasmus*, pp.60-71; and Allen, III, Ep.710.

19） Allen, *Age of Erasmus*, pp.146-162. Allen, *Erasmus*, Chap.II.（「エラスムスの学問的貢献」の素晴らしい記述）。

20） Allen, II, Ep.541, trans. by Barbara Flower in J.Huizinga, *Erasmus*, Phaidon Press, pp.218-221.

21） Text in E. F. Rogers, ed., *The Correspondence of Sir Thomas More*, Princeton, 1947, pp.112-120; trans. T. S. K. Scott-Craig, in *Renaissance News*, I (1948), pp.17-24. Conyers Read, *Social and Political Forces in the English Reformation*, Houston, 1953, p.22 は，イングランドの宗教改革は，「学究的な出来事に由来する」，すなわち，エラスムスの友人であるフィッシャー司教によって創設されたケンブリッジのセント・ジョンズ・カレッジに集まった，エラスムスの信奉者である「ギリシア語学者」という小さな集団から発生したことに注目している。

22） Lewis W. Spitz, "The Conflict of Ideals in Mutianus Rufus,"*Journal of the Warburg and Courtauld Institutes*, XVI (1953), pp.121-143.

23） Allen, I, Ep.56; Nichols, I, Ep.46 . Allen, *Erasmus*, p.54.

24） *Twenty Two Select Colloquies out of Erasmus*, ed.Roger L'Estrange, London, 1711, p.229.

25） "Tantum esto docilis,"Paraclesis, *Opera, LE*, V, 140A.『パラクレーシス』はフランス語に翻訳されている。Pierre Mesnard, "La Paraclésis d'Erasme," *Bibliothèque d'humanisme et renaissance*, XIII (1951), pp.26-42. 英語の抄録は，Seebohm, *op.cit*., pp.202-206.

26） Note to I Corinthians 7: 42, *Opera*, *LB*, VI, 701B. Cf.W. Schwarz, *op.cit*., p.153.

27） Paraclesis, *Opera*, *LB*, V, 144C. これは，コレットの影響を示して

いる。以下も参照。Seebohm, *op.cit.*, pp.204-205, 280; and Huizinga, *Erasmus*, p.112.

28） Ratio seu Methodus compendio parveniendi ad veram theologiam, *Opera*, *LB*, V, 95A.

29） この段落は，Myron P.Gilmore, *Teachers of History: Essays in honor of Laurence Bradford Packard*, Ithaca, 1954, Chap.I, esp.pp.20,24,25のエラスムスの歴史観に関する素晴らしい論文の要約である。エラスムスの言葉は，以下から引用。*Opera, LB*, I, 992C ff. Cf. R. McKeon,"Renaissance and Method in Philosophy, "*Studies in the History of Ideas*, New York, 1935, III, pp.93-95.

30） Allen, I, Ep.141; Nichols, I, Ep.134.

31） Allen, I, Ep.273; Nichols, II, Ep.265.

32） 以下を参照。W.K.Ferguson's comment in *Erasmi Opuscula*, Hague, 1933, pp.125-133.「生涯」の文章は以下 pp.134-190.

33） エラスムスとヒエロニムスについては，以下を参照。Preserved Smith, *Erasmus*, pp.189-192; Huizinga, *Erasmus*, pp.6, 13, 18, 90, 201, 204, 211, 214; Allen, *Age of Erasmus*, pp.138, 144, 162; Allen, *Erasmus*, pp.47 ff. ヒエロニムスの夢については，以下を参照。Ferguson, *Opuscula*, pp.176-177, 181-182.

34） *The Praise of Folly*, trans. Hoyt H.Hudson, Princeton University Press, 1941, pp.50-51, 73-74, 118. 許可を得て使用する。

35） De Libero Arbitrio, *Opera*, *LB*, IX, 1219F.

36） Huizinga, *Erasmus*, p.78.

37） Allen, *Erasmus*, p.4.

38） *Erasmi Opuscula*, ed. W. K. Ferguson, Hague, 1933, pp.115-116.

39） 以下を参照。P.Monnier, *Le Quattrocento*, Paris, 1900, I, pp.326ff.

40） *Opera, LB*, V, 140C. エラスムスの中の貴族的傾向と民主的傾向の対立については，以下を参照。W.K.Ferguson, "Renaissance Tendencies in the Religious Thought of Erasmus,"*Journal of the History of Ideas*, XV (1954), pp.507-508; W. Schwarz, *op.cit.*, pp.157-159; and Fritz Caspari, *Humanism and the Social Order in Tudor England*, Chicago, 1954, p.38.

41） Doctos esse vix paucis contigit; at nulli non licet esse Chrisianum, Paraclesis, *Opera, LB*, V, p.141f.

42） To Paul Volz, 14 Aug.1518, in Allen, III, Ep.858 (pp.365-366).

第4章　ルター

1）　以下を参照。C.C.Butterworth, “Erasmus, Bilney and Foxe, ”*Bulletin of the New York Public Library*, LVII（Dec.1953）, pp.576-577.

2）　Preserved Smith, ed., *Luther's Correspondence*, Philadelphia, Lutheran Publication Society, 1913, I, Ep.57. 以後，Smith と略記。この版からの引用は，Muhlenberg Press の許可による。

3）　Luhter to Spalatin, 19 Oct.1516, Smith, I, Ep.21; Erasmus, *Opera, LB*, VI, pp.562-564. 1522 年に，ルターは次のように述べた。「文法は，例えば「義人は信仰によって生きるであろう」のように，現実の物事を表わすしるしである言葉を教える。文法は「信仰」,「義人」,「生きる」の意味を説明するが，揚げ足をとる人に対してこれらの言葉を弁護するのは，最高度な技術のしるしであり，これは文法学ではなく神学に属する。」*Tischreden, WA*, II, no.2533, a, b, in W. Schwarz, *Principles and Problems of Biblical Translation*, Cambridge University, 1955, p.210.

4）　Smith, I, Ep.21.

5）　Luther to Lang, I March 1517, Smith, I, Ep.30.

6）　Luther to Spalatin, 18 Jan.1518, Smith, I, Ep.47.

7）　19 March 1519, in Preserved Smith, *Erasmus*, New York, Harper, 1923, p.220.

8）　Luther to Oecolampadius, 20 June 1523, Smith, II, Ep.591.

9）　c.15 April 1524, Smith, II, Ep.620.

10）　Erasmus, De Libero Arbitrio, *Opera*, *LB*, IX, 1215D.

11）　Luther, *The Bondage of the Will*, trans. Henry Cole, Grand Rapids, W.B.Eerdmans Publishing Co., 1931, pp.18-29.

12）　11 April 1526, Smith, II, Ep.729.

13）　Luther, *Tischreden, in Werke*, Weimar, 1883 ff., Vol.II, nos.1597, 2170; V, nos.5487, 5670（以後，*TR, WA* と略記）Trans. in *Conversations with Luther*, ed. Preserved Smith and H. P. Gallinger, Boston, Pilgrim Press, 1915, pp.108-112.（以後，Smith and Gallinger と略記）この作品からの引用は，出版者からの許可を得て行う。

14）　Erasmus to Maldonatus, 30 March 1527, Allen, VII, Ep.1805, pp.15-16, trans.in P. Smith, *Erasmus*, p.358.

15）　P. S. Allen, *Erasmus*, Oxford, 1934, p.59.

16）Allen, *Erasmus*, p.75. Cf.W.Schwarz, *Principles and Problems of Biblical Translation*, pp.188, 190-192, 196-199.

17）*TR,WA*, III, no.3011 (cf. I, no.824); IV, no.5009. Smith and Gallinger, p.228.

18）Pascal, *Pensées*, Everyman, nos.233, 280.

19）E. G. Schwiebert, *Luther and His Times*, Saint Louis, Concordia Publishing House, 1950, p.300, and 293-302 *passim*.

20）Thomas Blaurer, quoted by Schwiebert, *op.cit.*, p.300.

21）Mosellanus, in H.Boehmer, *Road to Reformation*, Philadelphia, Muhlenberg Press, 1946, p.288. Cf.H.Boehmer, *Luther and the Reformation*, New York, 1930, pp.157-166.

22）*TR,WA*, V, no.1511; Smith and Gallinger, pp.178-179.

23）Karl Holl, *Gesammelte Aufsätze zur Kirchengeschichte*, 6th ed., Tübingen, 1932, I, pp.399-401,412-413.

24）*TR, WA*, I, no.80; IV, nos.4577, 4907, 5054, 5091, 5124; Smith and Gallinger, pp.200-204.

25）Otto Scheel, *Dokumente zu Luthers Entwicklung*, Tübingen, 1929, nos.174, 444; see also nos.230, 485. Boehmer, *Road to Reformation*, p.83.

26）Cogitabat enim me esse doctum et nisi tentarer, fore ut superbirem. Scheel, *Dokumente*, no.273. Boehmer, *Road to Reformation*, p.103.

27）1545年，ルター著作集の序文は，*Werke, WA*, LIV, pp.185-186. Trans. by E. Harris Harbison, in *Great Problems of European Civilization*, ed. K. M. Setton and H.R.Winkler. Copyright 1954 by Prentice-Hall, Inc., New York, pp.252-253. By permission. Cf. Boehmer, *Road to Reformation*, pp.114-117; and W.Schwarz, *op.cit.*, pp.210-211.

28）Boehmer, *Road to Reformation*, p.91.「ベーマーの主張によれば，ルターは，聖書の実際の文章を，その真の意味を知るために不可欠な啓示と関連付けた…研究の後ようやく，神の恩寵が与えられた。」W.Schwarz, *op.cit.*, p.193. ルターの講義資料を精査した近年の成果に関する入念な要約は以下参照。E. G. Rupp, *The Righteousness of God: Luther Studies*, New York, 1953, Part II.

29）*TR, WA*, I, no.439; V, no.5534. Smith and Gallinger, pp.115, 124-125.

30）Karl Holl, *Gesammelte Aufsätze*, I, pp.381-419. See also Wilhelm Pauck, *The Heritage of the Reformation*, Glencoe, The Free Press, 1950,

Chap.II; Boehmer, *Road to Reformation*, pp.392ff.

31） *Works of Martin Luther,* ed.C. M. Jacobs *et al*., Philadelphia, Board of Publication of the United Lutheran Church in America, 1931, V, p.19; Boehmer, *Road to Reformation*, pp.113-114; Holl, *op.cit*., pp.392-393.

32） この主題全般に関して，以下を参照。[J.] M.Reu, *Luther's German Bible*, Columbus, The Lutheran Book Concern, 1934, particularly Chaps. II, III, VI; James MacKinnon, *Luther and the Reformation*, London, 1925, IV, pp.273-304; Preserved Smith, *The Life and Letters of Martin Luther*, Boston and New York, 1911, Chap.XXIII; W.Schwarz, *op.cit*., Chap.VI.

33） Pauck, *op.cit*., p.16.

34） Smith, II, Ep.518.

35） Ph.Melanchthon coegit me ad novi testament versionem, *Werke, W A*, XL, 448, I.2, in Hans Volz, "Melanchthons Anteil an der Lutherbibel,"*Archiv für Reformationsgeschichte,* Jahrgang XLV (1954), no.2, p.203. 以下のことについて，この論文全体を参照（pp.196-233）。

36） *TR, WA*, I, no.961.

37） *Works of Martin Luther,* ed.C.M.Jacobs *et al*., Philadelphia, Board of Publication of the United Lutheran Church in America, 1932, VI, pp.440, 442.

38） *TR, WA*, II, no. 2771a.

39） Reu, *op.cit*., p.133, quoting *Werke,WA*, III, 12.

40） 翻訳，1530年については，*Works of Martin Luther,* ed.C.M.Jacobs, Philadelphia, Board of Publication of the United Lutheran Church in America, 1931, V, p.15.

41） *TR, WA*, V, no.5443. Cf., Reu. *op.cit*., pp.170-174, 226; W. Schwarz, *op.cit*., pp.171, 179, 181.

42） *Works of Martin Luther,* ed.Jacobs, V, p.19.

43） Vivendo, immo moriendo et damnando fit theologus, non intlligendo, legendo aut speculando.*Werke*, *WA*, V, p.163, l. 28.

44） Ich hab mein theologiam nit auff ein mal gelernt, sonder hab ymmer tieffer und tieffer gubeln mussen, da haben mich meine tentationes hin bracht, quia sine usu non potest disci.*TR, WA*, I, no. 352, l. 12. Cf., Rupp, *op.cit*., p.102.

45） *TR, WA*, V, no.5468.

46）　Luther to Spalatin, 8 Feb.1520, *Briefwechsel*, *WA*, II, 36, l.29.

47）　*TR, WA*, I, nos.444, 467; II, no, 2410b. 以下を参照。Holl, *op.cit*., I, pp.410-411.

48）　とりわけ，以下を参照。Hans Lilje, *Luthers Geschichtsanschauung*, Berlin, 1932; and Heinrich Bornkamm, *Luthers geistige Welt*, Lüneburg, 1947, pp.188-208.

49）　*TR, WA*, III, nos.2946b.

50）　Boehmer, *Luther and the Reformation*, p.168.

51）　*Werke, WA*, X, Part III, pp.18-19.

第５章　カルヴァン

1）　*Jahannis Calvini Opera quae supersunt omnia*（*Corpus Reformatorum*）, Strasbourg, 1863-1900, IX, 238.（以後 *Opera, CR.* と略す）Cf., François Wendel, *Calvin: Sources et évolution de sa pensée religieuse*, Paris, 1950, pp.97-98.

2）　現在まで完全な研究はない。Wendel, pp.94-98 を参照。

3）　思うに，Breen が主張するほど重要な箇所ではないのだが。Quirinus Breen, *John Calvin; A Study in French Humanism*, Grand Rapids, 1931, pp.102-113.Wendel, p.94.*Institutes*, III, 23, 6.

4）　Roy W.Battenhouse, “The Doctrine of Man in Calvin and Renaissance Platonism,” *Journal of the Ideas*, IX (Oct.1948), pp.447-471.

5）　Williston Walker, *John Calvin,* New York and London, 1906, pp.233-236.

6）　In *Opera, CR*, XXXI, pp.14-36.

7）　*Opera, CR*, XXXI, pp.22-24.

8）　カルヴァンの教育について，以下を参照。Wendel, pp.6-20; Breen, *op.cit., passim*; and A.M.Hunter, “The Erudition of John Calvin,” *Evangelical Review*, XVIII (1946), pp.199-208.

9）　Cf., the Reply to Sadoleto（1539）, *Opera*, *CR*, V, 407 ff.; and the Preface to the Psalms（1557）, *Opera, CR*, XXXI, p.22.

10）　J.Huizinga, *Erasmus*, pp.172-173.

11）　*Opera, CR*, V, 5-8（trans. in Quirinus Breen, *op.cit*., pp.86-89）; and *Opera*, *CR*, I, pp.9 ff.

12） Florimond de Raemond, *Histoire de la Naissance, Progrez et Décadence de l'Hérésie de ce Siècle*, Rouen, 1648, pp.883, 885. Raemondは，続く文章の中で，彼のこの情報源は，カルヴァンのことを見知っていたことのある人物であることを示唆している。注（15）を参照。

13） Preface to Psychopannychia, in *Opera, CR*, V, pp.169-172.

14） Emile Doumergue, *Jean Calvin: Les hommes et les choses de son temps*, Lausanne, 1899 ff., I, 513-516.

15） 以下のことについては，私は以下のハーズの博士論文に負っている。Walter G. Hards, "A Critical Translation and Evaluation of the Nucleus of the 1536 Edition of Calvin's Institutes," Princeton Theological Seminary, 1955（typed）. ハーズは，1536年の『キリスト教綱要』の1，2，3，および6章では，ほとんど教父について言及していないという事実から，カルヴァンがアングレーム滞在中に，デュ・ティル（du Tille）や他の人の蔵書を利用できなかっただろうと論じている。このことは，私には全く不適当であるように思われる。その事実を説明するより簡潔な方法は，以下に示唆されている。併せて参照されたい。*Opera, CR*, II, p.xiv; Doumergue, *op.cit.*, IV, 2; Peter Barth, ed., *J.Calvin Opera Selecta*, I, 31; Walker, *op.cit.*, p.137.

16） これは，『キリスト教綱要』（Edinburgh, 1845, I, p.vi）の翻訳におけるHenry Beveridgeの指摘である。

17） Preface to 1536 edition, in *Opera, CR*, I, 9 ff.『キリスト教綱要』の二重目的に関しては，以下を参照。Wendel, pp.106-109; Fritz Büsser, *Calvins Urteil über Sich Selbst*, Zürich, 1950, pp.138-139; and J.T.McNeill, *The History and Character of Calvinism*, New York, 1954, pp.124-126.

18） Preface to Commentary on the Psalms, *Opera, CR*, XXXI, p.24.

19） Preface to Commentary on Romans, *Opera, CR*, X, Part I, p.405.

20） 以下を参照。Wendel, *op.cit.*, pp.274-275.

21） *Opera, CR*, II, 1-4; *Institutes*, trans. John Allen, Philadelphia, Presbyterian Board of Christian Education, 1936, Vol.I, pp.17-19. 許可を得て使用する。

22） *Institutes*, IV, 3, 4.

23） *Institutes*, IV, 3, 4; McNeill, *op.cit.*, p.218.

24） Wendel, *op.cit.*, pp.273-274

25）　たとえば，*Institutes*, III, 23, 2.

26）　*Opera, CR*, V, pp.391-392; trans. Henry Beveridge, in *Tracts Relating to the Reformation by John Calvin*, Edinburgh, 1844, I, pp.33-34.

27）　*Opera, CR*, VI, 602. 主観的真理と客観的真理の関係をめぐる認識問題へのカルヴァンの関心の同様の見方については，以下を参照。Charles Trinkaus, "Renaissnace Problems in Calvin's Theology," in *Studies in the Renaissance*, Austin, University of Texas, 1954, I, pp.61-62.

28）　Büsser, *op.cit.*, pp.132-134.

29）　とりわけ，以下を参照。the Traité de la Sainte Cène, *Opera, CR*, V, pp.429-460; Preface to the Old Geneve Bibles, *Opera, CR*, IX, pp.823-826; and *Institutes*, I, 17 and III, 1, 1.

30）　*Opera, CR*, V, 39.

31）　Ie ne demande point qu'on s'arreste à moy ne à mon opinion, n' à mon dire, sinon à telle condition, qu'on ait premierement congneu que ce que j' enseigne est utile. Contre la secte des libertins, *Opera, CR*, VII, 248. Cf., Büsser, *op.cit.*, p.106.

32）　*Opera, CR*, IX, 824.

33）　以下を参照。W.Walker, *op.cit.*, pp.17, 377; and Wendel, *op.cit.*, p.275.

34）　とりわけ，Karlfried Fröhlich, *Die Reichgottesidee Calvins*, Munich, 1922, and *Gottesreich, Welt, and Kirche bei Calvin*, Munich, 1930.

35）　McNeill, *op.cit.*, pp.214-216.

36）　Institutes I, 16, 3.

37）　To Bullinger, May 1549.*Opera, CR*, XIII, p.268.

38）　Quirinus Breen, "The Terms 'Loci Communes' and 'Loci' in Melanchthon," *Church History*, XVI（Dec.1947）, pp.197-209; 同著者の "The Subordination of Philosophy to Rhetoric in Melanchthon," *Archiv für Reformationsgeschichte*, Jahrgang XLIII（1952）, no.1, pp.13-27.

39）　*On the Donation of Constantine*, ed. C.B.Coleman, New Haven, Yale University Press, 1922, p.23.

40）　Breen in *Archiv für Reformationsgeschichte*, XLIII, p.17.

結　論

1）　Baynard Rush Hall, *The New Purchase*, Princeton University Press,

1916, pp.170-175. 許しを得て，私はこの記述を，*American Historical Review*, LX (Jan.1955), p.262 に収められた，Merle Curti の presidential address に負っている。

2） *Sketch of the Rise, Progress and Present State of the Theological Seminary of the Presbyterian Church in the United States* [by Samuel Miller], Elizabeth-Town, 1817（pamphlet）; *Plan of the Theological Seminary*…, adopted by General Assembly, 1811（pamphlet）.

3） R.H.Bainton, *Here I Stand*, New York and Nashville, Abingdon-Cokesbury, 1950, pp.261, 264.

4） *The Christian Scholar*, XXXVII, Supplement (Autumn 1954), p.189.